甲午海战 3D 图鉴

吴欲贤 著

中华书局

图书在版编目（CIP）数据

甲午海战 3D 图鉴 / 吴欲贤著；

—北京：中华书局，2015.8

ISBN 978-7-101-11083-8

I. 甲… II. 吴… III. 中日甲午战争—史料 IV. K256.306

中国版本图书馆 CIP 数据核字（2015）第 157040 号

本书版权由台湾兵器战术图书公司提供

书　　名	甲午海战 3D 图鉴
著　　者	吴欲贤
责任编辑	傅　可
装帧设计	崔欣晔
出版发行	中华书局
	（北京市丰台区太平桥西里 38 号 100073）
	http://www.zhbc.com.cn
	E-mail:zhbc@zhbc.com.cn
印　　刷	北京雅昌艺术印刷有限公司
版　　次	2015 年 8 月北京第 1 版
	2015 年 8 月北京第 1 次印刷
规　　格	开本 /889×1194 毫米　1/16
印　　张	18.25　字数 60 千字
印　　数	1-6000 册
国际书号	ISBN 978-7-101-11083-8
定　　价	98.00 元

序

创作这件事情除了要有用不完的耐心，也要有扎实之根基。

时代在进步，从早期的手工绘画到现在使用计算机来作画，甚至 3D 动画创作，从任何一个角度去观察，这一代人的创作挑战更多也更残酷。因此，一个绘本创作者除了扎实的设计基础外，通常还需要不同的科学工具和信息修为才能够在这个科技大环境下生存。

欲贤正是一个如上述环境下的优秀挑战者，早期学习设计的他没有计算机可以辅助绘图，我在台湾艺术大学（原为台湾艺术专科学校）执教时，有天分的他画得一手好画，对于水彩的创作也是一流，多年后又发现他的 3D 创作功力更是了得。

学习与创造是人类生存得以不断进化的动力，本书作者吴欲贤是我早期的学生，虽然当年没有计算机可以做创意设计，但凭着他的恒心与毅力，克服无信息科技专长的一切障碍，在几乎是无师自通的情况下自学 3D 的各种软件，也凭借着自己深厚的设计与素描功力得以创作出本书，身为他的老师，我实在与有荣焉。

本书除了表现了吴欲贤对于创作与设计的严谨性格外，对于已经很难找到数据的清朝和日本的古战船也做了很深入的研究，无论船型、船身尺寸、船体外观等都做了很多考据。对于船身的旧化也是表现得相当生动与合理，在表现船只与海的广阔和海浪与战船间浪花的效果上，其手法更是栩栩如生。内页穿插了生动的中、日历史人物手绘水彩画，更展现出他对人物插画的独特才华。

很高兴能看到这本书的付梓，意味着欲贤多年来辛苦的努力学习与创作获得了些许慰藉，我相信本书的出版只是他开创全方位创作的开始，希望能看到他不断的新作以飨读者，是幸！

讲座教授

台湾艺术大学前校长

王铭显 谨识

前言（刘文孝）……………………………………1

一、甲午海战大清主要参战船舰图鉴

   1. 超勇、扬威撞击巡洋舰…………………2

   2. 定远、镇远战舰…………………………6

   3. 定远、镇远形貌变革……………………12

   4. 定远、镇远舰母型介绍一………………20

   5. 定远、镇远舰母型介绍二………………28

   6. 济远穹甲巡洋舰…………………………36

   7. 致远、靖远、经远、来远四舰反国…………40

   8. 致远、靖远穹甲巡洋舰…………………44

   9. 经远、来远装甲巡洋舰…………………48

   10. 左队一号鱼雷快艇………………………54

   11. 平远近海防御铁甲舰……………………58

   12. 广甲无防护巡洋舰………………………62

   13. 广乙、广丙鱼雷巡洋舰…………………66

   14. 北洋舰队成军……………………………70

二、甲午海战日本参战主要船舰图鉴

   1. 比叡二等战舰……………………………76

   2. 扶桑二等铁甲舰…………………………80

   3. 浪速、高千穗防护巡洋舰………………84

   4. 赤城炮舰…………………………………88

   5. 千代田装甲巡洋舰………………………92

   6. 严岛防护巡洋舰…………………………96

   7. 松岛防护巡洋舰…………………………100

   8. 桥立防护巡洋舰…………………………104

   9. 吉野防护巡洋舰…………………………108

   10. 秋津洲防护巡洋舰………………………112

   11. 西京丸代用巡洋舰………………………116

三、丰岛海战……………………………………120

四、黄海海战……………………………………150

五、威海卫保卫战………………………………258

后记………………………………………………276

前言　甲午战争与近代台湾

　　清军入关后的第二位皇帝康熙即位不久，明末最后的抵抗者郑成功就已经病逝于台湾，虽然该年刚升任福建水师提督的施琅力主以武力攻取该岛，连年上疏力陈东征，但当时"海洋险阻，风涛莫测，驰驱制胜，计难万全"，朝廷一直将其计划束诸高阁，甚至撤除其水师提督之职。如此等到1681年，郑氏第三代、年仅12岁的郑克塽即延平王之位，台湾内部矛盾开始激化，康熙皇帝终于下定了征台的决心，重新启用施琅，并授予他专征大权，率舰队取下台湾。

　　康熙收复台湾后，施琅上呈《恭陈台湾弃留疏》，指出"台湾地方，北连吴会，南接粤峤，延袤数千里，山川峻峭，港道纡回，乃江、浙、闽、粤四省之佐护"，完整陈述该岛的战略地位及放弃之后可能产生的恶果。最后康熙同意施琅的意见，主张留守台湾并纳入大清版图，设一府三县，期待它成为大陆东南的海上屏障。

《康熙台湾舆图》是大陆首次对台湾岛的具体印象描绘，所呈现的是西海岸平原地区。

日中先后发展海军

　　18世纪中叶，欧洲继大航海时代后又开始了工业革命，各国都极需原料与市场，来使自己的国力快速壮大，而中国自然是他们觊觎的重要目标。在1840年爆发的第一次鸦片战争期间，英国舰队除了在大陆沿海来回骚扰，也曾5次进犯台湾，但均被守军奋勇击退。在武器装备不如英军的情况下，台湾虽然谈不上佐护大陆沿海各省，但至少恪尽己职，没有为祖国增添任何负担。

　　继中国之后，原本也闭关锁国的日本，在1853年也发生遭美国海军闯入的"黑船事件"，而被强迫开放通商口岸。日本幕府早已看到中国遭列强接连叩关的惨状，等到亲身经历此一教训，自知没有像中国那么雄厚的资本可供压榨，就立即剑及履及地改进海防，解除了早先对建造大船的禁令，并开始学习铸造大炮，还向西方订购军舰，开设海军传习所、造船所、操练所等机构，唯恐遭到亡国之祸。从当时到1867年幕府灭亡的14年间，日本购建了上百艘军用舰船。

虽然中国是高度文明的国家，当面对外族的不断入侵，有志之士当然会集思广益以谋求防治之道，但在行动上则显得迟缓。直到 1866 年，闽浙总督左宗棠上疏同治皇帝，指出"欲防海之害而收其利，非整理水师不可；欲整理水师，非设局监造轮船不可"，他建议在福建马尾为水师设立船政机构，并举荐前江西巡抚、林则徐的女婿沈葆桢出任首任船政大臣，该年年底船政各厂校即破土开工，在造舰的同时还创办学堂以培养造船和驾驶人才，为走向近代化奠定基础。而当时清廷认为法国精通造船、英国则长于驶船技术，遂分别向两国招募师资。

然而，当时清廷还没有西方海军的编制概念，原本船政所造各舰都是归船政大臣调遣指挥，但马尾一地容不下越来越多的新舰，所以它们都陆续分驻到沿海各省，而缺乏统一的号令与编组。虽然后来订有《轮船训练章程十二条》及《营规三十二条》，初步建立了新式舰只的训练制度，但与当时西方海军舰队的指挥模式还有一定差距。

而日本方面，1868 年明治天皇在长州、萨摩、佐贺等藩镇的支持下，从德川幕府手中取回政权，他立即亲题诏书"拓万里之波涛，布国威于四方"，显示出对海权的高度重视，更在次年的 7 月正式组建了日本帝国海军，使海上武力成为独立的军种而能获得更多发展资源，而这项重要举措竟比中国领先了将近 20 年！

明治政府展开维新之后，其内阁中开始出现了鼓吹对朝鲜进行殖民扩张的"征韩派"，主张先北进朝鲜，进而侵略中国。然而，日本要向西发展，不仅会有中国的牵制，还有对沙俄的顾虑，所以他们又将目光转向了南方的琉球与台湾。

日本首次入侵台湾

1871 年 11 月，琉球渔民因迷航而漂流到台湾南部牡丹社，又与高山族人发生纠纷而有 54 人被杀，只有 12 人被汉人救助生还。此事原与日本毫无关系，但日本却想以此事件为借口，派舰入

马尾船政建造的第一艘西洋式战舰，乃是蒸气木壳暗轮三桅纵帆船"万年青"号，从其模型可以看出已完全摆脱了中国传统的"师船"结构。

侵台湾讨伐元凶。为了师出有名，明治天皇先于1872年10月册封琉球王尚泰为日本的藩王，并将他列为日本的华族；1874年2月，更在长崎设"台湾番地事务局"，此后便将琉球人被台湾蕃人杀害事件解释为日本的"内政"，任命西乡从道为"台湾征讨都督"，4月17日率日本军舰7艘，载运2000士兵从横滨港启航，5月7日在台湾南部的社寮港登陆，并攻打了牡丹社。

清廷最初得知日军入台的消息，还认为事发地点位于"番界"之外而并未予以过问，直到后来察觉事态严重，若再不加干涉，日本不仅可一举将琉球并入，更可能长驻台湾不去，这才派遣沈葆桢率军舰去台湾加强防务。

双方相持8个月后，在英国公使调停下展开协商，但清廷方面作出了过度让步，竟允诺赔款50万两白银以换取日本撤军，这反而助长了日本尔后对华的扩张野心。尤其承认日军侵台为"保民义举"，更为日本后来吞并琉球提供了口实。唯一值得欣慰的，则是台湾暂时逃过被侵占的命运，清廷也从此开始重视该岛海防要冲地位，除建设"亿载金城"等防御炮台外，还解除所有移民台湾的限制，开始在当地积极展开建设。

对于日本首次侵台，清政府因为没有任何新式铁甲舰，因此即使面对向来都对中国构不成威胁的日本，清廷也不敢轻易开战。事后各大臣莫不强调筹办海防的重要性和紧迫性，新任船政大臣丁日昌即拟定《海洋水师章程》，主张从直隶至粤东洋面，一举废弃沿海老旧船艇，更换大兵船、炮船等新式舰艇，并拟设北、东、南三洋海军。

后来清廷确定只先成立南、北洋两支海军，但当时已升任督办南洋海防大臣的沈葆桢认为"以外海水师宜先尽北洋创办，分之则为力薄而成功缓"，请朝廷集中资源优先发展北洋海军。沈葆桢于1879年去世后，整个大清海军的筹建重任都转移给北洋大臣李鸿章，但他最初却没有遵照沈葆桢临终前强调"铁甲船不可不办"的原则，认为铁甲舰太昂贵，而仅采购了一批蚊炮船，稍后订购的铁甲舰则没能赶上下一场战争。

中法战争的教训

1883年8月，法兰西第三共和国强行吞并了中国传统的属国越南，接着便直接进攻驻扎在红河三角洲北坼的清军，两国战争自此爆发。双方在中越边境打打谈谈将近一年，法方一直无法在陆战中取得压倒性优势，遂决定改由海军重点打击清

最早入侵台湾的日本军舰，大多还是幕府时代军阀上缴天皇的老船。图中这艘"甲铁"是最初购自美国的法制装甲舰，甚至曾参加过南北战争。

国的两个痛处，以使中方尽速就范。其中第一个目标就是法国早先参与构建的马尾船政，第二个目标则是台湾。坐镇当地的福建巡抚刘铭传严防沪尾（今台湾省淡水）而放弃基隆，所以虽在前地击退了法军，后者则遭法军占领，法国舰队从1884年10月起对台湾实行海上封锁。而赶往解围的南洋水师5艘军舰，则在中途遭到法舰拦截而被击沉两艘，其余3舰也始终没能赶到台湾。由于中方完全失去了制海权，1885年3月底法军又攻占了澎湖。

当时，李鸿章于1881年向德国订造的两艘大型铁甲舰定远号和镇远号都已完工，但德国受到法国的施压，一直到中法停战之后才准许两舰归国，因此没能赶上改变战局的机会。其惨重的代价就是清军撤出越南，并承认法国对该地的"宗主权"。

沈葆桢来台防范日军进袭期间所兴建的台北府承恩门(今称北门)，140年后仍是台北市保留的古迹。

昙花一现的北洋海军

制海权的丧失，让清政府进一步意识到了海防的重要性，而决定于台湾正式设省，加大开发力度。另外则成立专责的海军衙门，并命李鸿章再向英、德订购4艘铁甲快船，作为防守台、澎之用。不过由于李鸿章长期担任直隶总督，有卫戍京畿之责，再加上先前朝廷已同意将大部海军经费都拨用于北洋水师，所以他们不仅优

台湾军民在沪尾击败登陆法军后，将战俘集体斩杀并将首级悬挂示众之场面，藉以宣泄中国人连年遭受列强欺凌的愤怒。

先配备新购舰，还可征调其他各舰队中性能较佳的军舰加入其阵容，其实力很快就窜升为全清第一。

1888年10月3日，《北洋海军章程》颁布实施，更标志着该舰队从传统水师正式蜕变为现代海军。成军初期共拥有舰船25艘，其中铁甲舰2艘、快船7艘、炮船6艘、鱼雷艇6艘、练习船2艘、运输船2艘，时称"七镇八远一大康，超勇扬威和操江"，总排水量4万余吨，官兵4000多人，实力称霸亚洲，全世界排名第8位，这正是本书将全面为读者展示的精彩内容。

然而出人意料的是，北洋海军却在创立仅6年后的甲午战争中全军覆没！台湾地区在该次战争期间并未触及任何战火，却在战后的《马关条约》中连同澎湖及辽东半岛一起被割让给日本。消息传来，台民激愤不已，纷纷表示决心抗拒到底。

然而，当日军在基隆澳底港登陆后，抵抗军却连连失利！6月7日日军进入台北城，时在台湾的丘逢甲登船返回广东，临行时赋有著名之绝句："宰相有权能割地，孤臣无力可回天。扁舟去作鸱夷子，回首河山意黯然。"

今日沪尾已改称淡水，但在出海口的山上仍陈列着清代一系列为台湾海防而配备的各式火炮。

这幅日本浮世绘最特殊之处，是它表现了甲午海战期间清军与日军在海面下的肉搏场面，这应该也是亚洲最早描绘潜水特战人员战斗的画作。

此后的台湾历经了半个世纪的日本殖民统治，才于二次大战后重回祖国怀抱，但在意识形态上的后遗症则延续了两个甲子仍未弭平。因此，特藉计算机科技重塑该战役之具象场景，将此一重要历史首次以图像方式传播，希望炎黄子孙均能永志不忘，乃是出版此书之最终目的。

刘文孝

甲午海战
大清主要参战船舰图鉴

超勇、扬威撞击巡洋舰

　　1880年向英国订购之巡洋舰超勇、扬威完工后，由提督丁汝昌亲率大清官兵于1881年从英国启航返国，途经大西洋、地中海、苏伊士运河、红海、印度洋、南海、太平洋返抵国门。并于1881年11月22日抵达大沽。

　　这两艘巡洋舰因当时火炮已能穿透装甲的进步技术，而采取新式的非装甲以求速度的理念来设计。以其1380吨的小吨位、16节的航速、配备260mm口径的强力主炮，并由于当时因撞击战术被传诵着，因此也在舰艏设计了撞角，而成为极新式并拥有火力强、速度快的新锐"撞击巡洋舰"。黄海海战中超勇舰率先壮烈牺牲；扬威舰严重受创，起火燃烧退出战场至浅水区后，遭自舰济远拦腰撞击而沉没。

超勇管带 黄建勋

扬威管带 林履中

炮廓门开、闭情形，风浪大时可以将炮廓门关闭以防止海浪冲入炮廓。

超勇、扬威舰性能参数

超勇级舰概述

舰名：超勇 Chao Yung
　　　扬威 Yang Wei
舰长：超勇管带 黄建勋
　　　扬威管带 林履中
舰型：撞击巡洋舰
建造：英国阿姆斯特朗造船厂
　　　Armstrong Mitchell
造价：65万两白银
建期：1880年11月4日下水
　　　1881年7月15日完工
服役：1881年11月22日——
　　　1914年9月17日，黄海
　　　海战后两舰沉没

超勇级舰性能一览

排水量：1380吨
全　长：64m
舷　宽：9.75m
吃　水：4.57m
主　机：2座往复式蒸汽主机
　　　　6座圆式燃煤锅炉
　　　　双轴推进
燃　料：煤 基本载量250吨
　　　　　　最大载量300吨
出　力：2600马力
航　速：16节
续航力：5000海里/8节
乘　员：140人

超勇级舰装甲防御

装甲：舰身木质构造面覆钢板
炮台：25.4mm
甲板：6.858mm
舰桥：37mm

超勇、扬威舰武器配置图

25mm×4管Nordenfelt机关炮 左右各×1

10英寸×26倍径Armstrong后膛炮

Gatling11mm×10管机关炮 左右各×1

4.7英寸×22倍径Armstrong速射炮 左右各×1

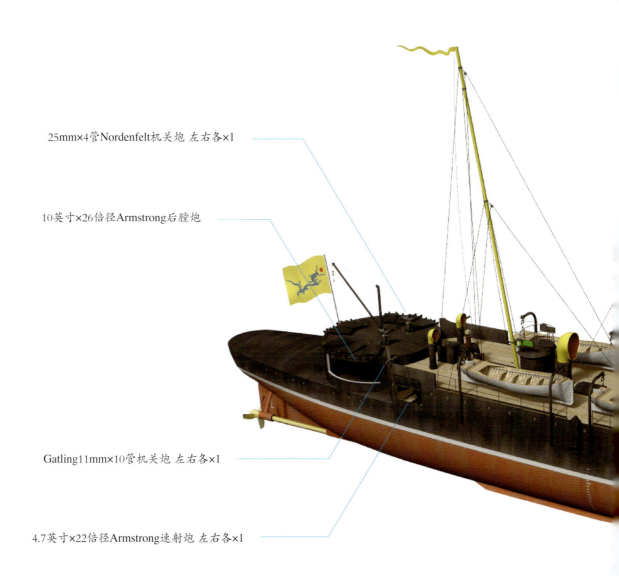

阿姆斯特朗（Armstrong）10英寸26倍径后膛炮×2
阿姆斯特朗（Armstrong）4.7英寸22倍径后膛炮×4
诺典费尔德（Nordenfelt）25mm×4管机关炮×2
加特林（Gatling）11mm×10管机关炮×4

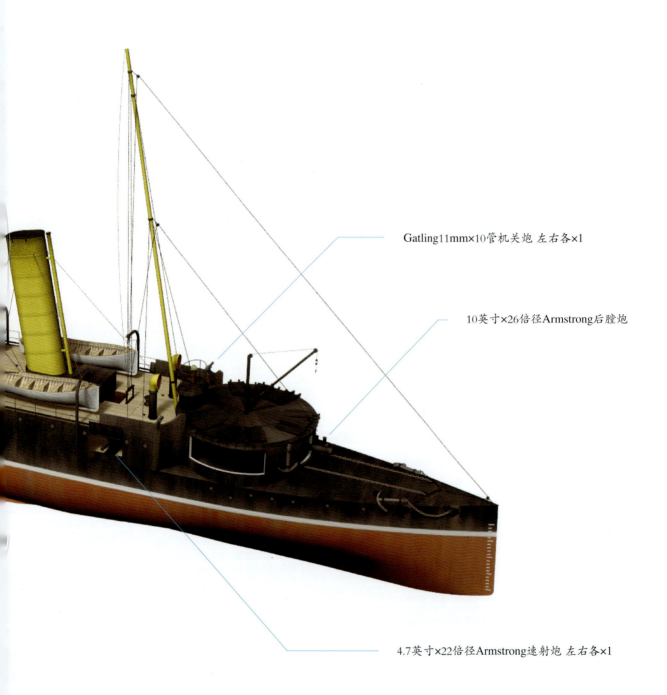

Gatling11mm×10管机关炮 左右各×1

10英寸×26倍径Armstrong后膛炮

4.7英寸×22倍径Armstrong速射炮 左右各×1

定远、镇远战舰

进入工业时代以后，西方列强挟其先进技术迅速向世界各地拓展，古老的中国在这股潮流下门户洞开，内忧外患接踵而至。于是兴起了自强的洋务运动，当时列强的进犯几乎都是由海上而来，因此清廷也意识到意欲巩固海疆势必建立起足以与西方舰队相抗衡之新锐海军。

定远、镇远两舰是购置的当时世界上最新式的铁甲舰，设计规划参考了德国军舰"萨克森（Sachsen）级舰"，以及英国的"英弗莱息白（Inflexble）战舰"，两舰均属当时世界最新锐的铁甲舰，并取两者之长、去两者之弊而购建的军舰。定远、镇远两舰配备了当时所需求的功能，威猛巨炮、坚固装甲、新式鱼雷，并有尖锐之冲角可供近身撞击决战。

购舰计划是各国期待良久的大合约，各国无不极力争取，最后由德国胜出，取得造舰合约。

定远、镇远是当时亚洲第一巨舰，巡弋大清海疆多年。两舰于1883年完工，1885年抵国成军。甲午战后，定远舰搁浅自爆，镇远舰为日军掳获。

1885年由德国启航返国的定远、镇远途经苏伊士运河，接舰的许景澄与刘步蟾仁立飞桥。

定远、镇远两舰通过地中海后，途径苏伊士运河（时济远舰因故障于地中海停泊维修）

定远、镇远舰归国路线图

    离开德国基尔军港以后，清舰定远、镇远、济远途经北海、大西洋，通过直布罗陀海峡，进入地中海（济远舰故障停泊维修）定远、镇远两舰后经苏伊士运河驶过红海后再横越印度洋，通过马六甲海峡，经新加坡、香港，1885 年 10 月定远、镇远两舰抵达天津大沽。由刘步蟾任定远管带，林泰曾任镇远管带。1885 年 10 月 31 日济远驶抵天津大沽，由方伯谦任济远管带。

定远管带 刘步蟾

镇远管带 林泰曾

通过苏伊士运河准备进入红海的定远、镇远舰。

定远、镇远舰性能参数

定远级舰概述

舰名：定远 Ting Yuen　镇远 Zhen Yuen

舰长：定远管带 刘步蟾，镇远管带 林泰曾

舰型：铁甲战舰

建造：德国伏尔坚（Vulcan）造船厂

造价：620万马克（定远、镇远建造经费共计3346515两白银）

建期：1881年1月8日签约

　　　1881年12月22日下水

　　　1883年5月完工

服役：1885年10月29日—1895（定），1885—1895(镇)

　　　定远1895年2月10日自毁于刘公岛

　　　镇远1895年被日掳获，1911年除役

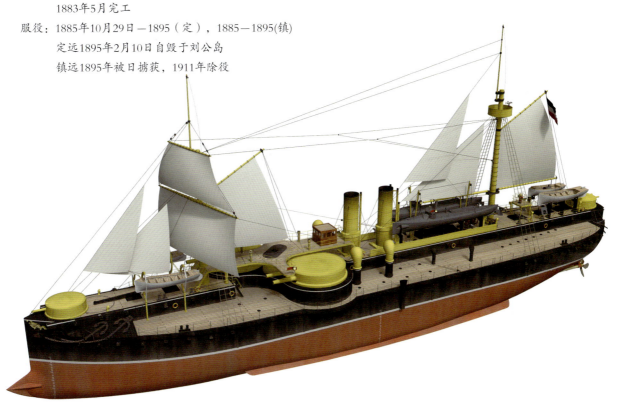

定远级舰性能一览

排水量：7220吨（满载7670吨）

全　长：94.5m

舷　宽：18m

吃　水：6m

主　机：2部复合横置式蒸汽主机

　　　　8座燃煤锅炉 双轴推进

　　　　(螺旋桨直径5m)

燃　料：煤 最大载量1000吨

出　力：6200马力(镇远7200马力)

航　速：14.5节(镇远15.4节)

续航力：4500海里/10节

乘　员：329人

定远级舰装甲防御

铁　甲　堡：305—355mm

炮　　　塔：305mm

舷　　　侧：305mm

艏艉装甲板：76.2mm

司　令　塔：203.2mm

装甲使用铁甲堡形式设计，长度43.5m，厚度152.4mm，从上层建筑到舷侧水线下，使用305—355mm钢面铁将舰只（除艏艉部外）船体紧密包覆（制造镇远时物料涨价，受限经费，被迫将水线下的钢面铁甲转换防御性较差的熟铁装甲）。

定远、镇远舰形貌变革

定远、镇远舰虽然是新锐铁甲舰，但是仍然保有风帆的设计，风帆可于长程巡弋时使用，也可使用于铁甲舰失去动力时。两舰归国途中于大洋航行时张起风帆以节省燃煤。当时舰只悬挂德旗，定远舰载定一、定二鱼雷艇，镇远舰载镇一、镇二鱼雷艇。舰只艏艉并配置救生艇，前后桅杆绳梯固定于主甲板两舷侧边缘。

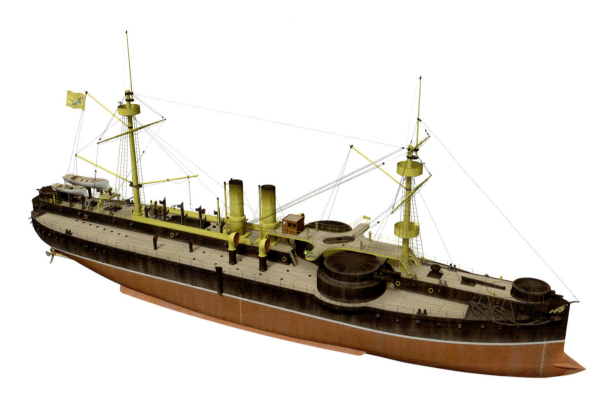

　　归国成军后，舰载鱼雷艇被卸下，归属鱼雷艇队管辖，前置救生小艇架碍于主炮射击视界予以拆除，前后桅杆绳梯亦改固定于01甲板两舷侧边缘。此为一般时期之装配，期间涂装或微有变革。

　　鉴于丰岛海战时，济远舰炮罩受击之经验，黄海海战前为避免开战时炮弹射入炮罩里面，炮弹碎片于炮罩内弹射造成人员伤亡，因此将主炮罩拆下。救生小艇亦卸下，以免受击碎片伤及人员，亦示与舰共存亡的决心。

定远、镇远舰武器配置图

37mm×5管Hotchkiss 速射炮

47mm 3磅 速射炮 左右各×1

57mm Hotchkiss 6磅速射炮 左右各×1

150mm 35倍径 后膛炮

舰艉355mm 鱼雷

37mm×5管Hotchkiss 速射炮 左右各×1

37mm×5管Hotchkiss 速射炮 左右各×1

舷侧 355mm 鱼雷 左右各×1

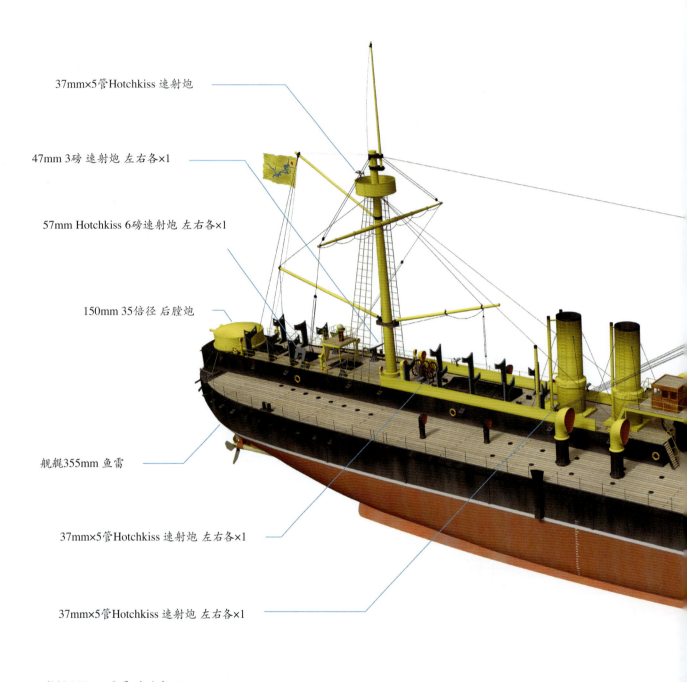

克鲁伯（Krupp）305mm 25倍径后膛炮×4
克鲁伯（Krupp）150mm 35倍径后膛炮×2
克鲁伯（Krupp）75mm舢舨炮×4
哈乞开斯（Hotchkiss）57mm 6磅速射炮×2
哈乞开斯（Hotchkiss）47mm 3磅速射炮×2
哈乞开斯（Hotchkiss）37mm×5管速射炮×8
360mm鱼雷发射管×3
鱼雷艇×2

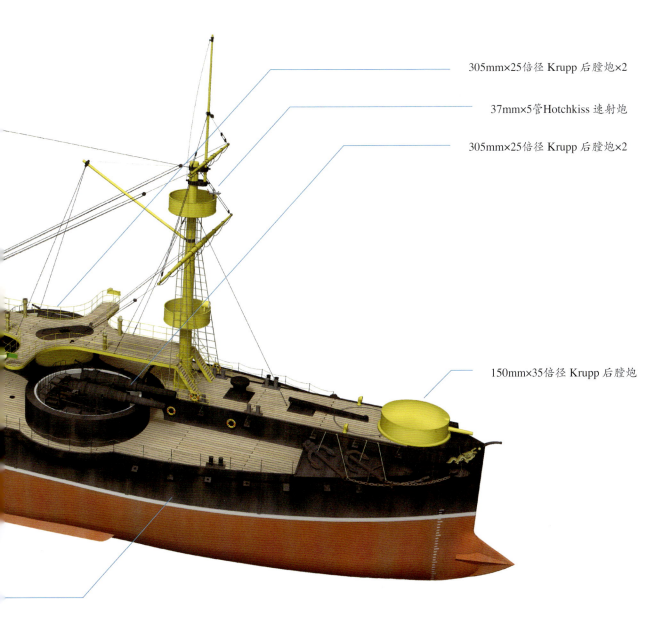

305mm×25倍径 Krupp 后膛炮×2

37mm×5管Hotchkiss 速射炮

305mm×25倍径 Krupp 后膛炮×2

150mm×35倍径 Krupp 后膛炮

定远、镇远舰武器介绍

克虏伯305炮参数一览

制　　造：德国克虏伯公司

口　　径：305mm

炮　　重：31.5吨

炮　　长：7625mm25倍口径

来复线：72条

弹　　重：实心弹325公斤（发射药包7.2公斤）

携行量：50发/管

初　　速：500m/秒

射　　速：1发/3分钟

射　　程：7800m

动　　力：液压

克鲁伯150mm 35倍径后膛炮

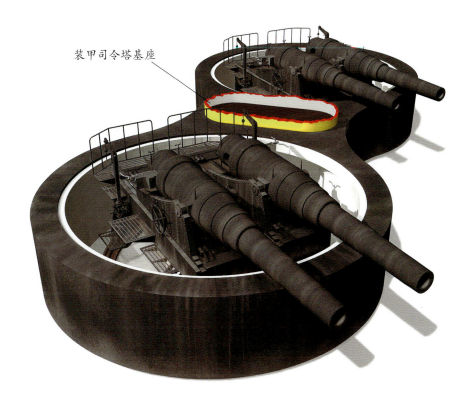

装甲司令塔基座

定远左右舷主炮炮座基座相连以承受强大之后座力

克鲁伯75mm舢舨炮

哈乞开斯57mm 6磅速射炮

哈乞开斯47mm 3磅速射炮

哈乞开斯37mm×5管速射炮

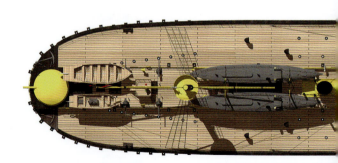

定远、镇远舰多角度视图

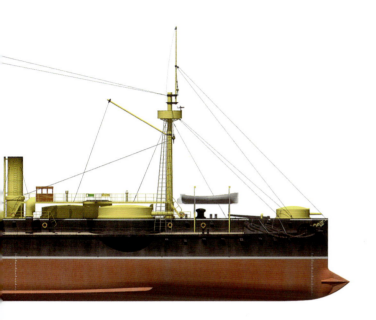

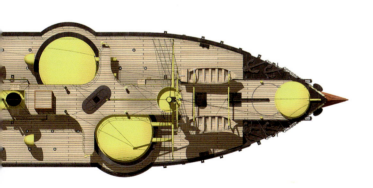

定远、镇远舰母型介绍一

1875年起造的德国萨克森级铁甲舰也是当时世界上的新锐铁甲舰，但是萨克森只是大型海岸防卫铁甲舰。它的吨位小、吃水浅，适合中国港口水深，因此清廷购置新舰自然就考虑到萨克森级的特性。同样是采用铁甲堡装甲防护设计，但是萨克森级的炮塔设置采用与英弗莱息白的旋转式炮塔不相同的设计，旋转式炮塔需要带着里面的炮一起旋转，使得一切显得过于笨重。加上底部转动机构太过复杂，稍有损害想以人力转动如此笨重的炮塔是极为不易的，因此萨克森级采取露炮台方式来设计主炮。也就是让炮台与船身合为一体，当转动炮时仅需炮架转动，这么一来便减轻了旋转机构的负担并增加了火炮的灵活度。

由于主炮的露炮台设计使萨克森级铁甲舰减少许多重量，使其吨位变小，更能适用于水深较浅的水域，让舰只性能更为灵活。于是清廷计划购置的新舰便采用了英弗莱息白与萨克森级的优点，再加上当时朝廷的需求设计出了定远与镇远两舰。

萨克森战舰性能参数

萨克森级舰概述

舰　名：萨克森 Sachsen
舰　型：铁甲战舰
建　造：德国斯德丁(A.G. Vulcan)造船厂
建　期：1875年起造，1877年7月21日下水
服　役：1878年正式服役

萨克森级舰性能一览

排水量：7677吨
全　长：93m
舷　宽：18.4m
吃　水：6.53m
主　机：2具横置式蒸汽主机
　　　　双轴推进
燃　料：煤 容量700吨
出　力：5000马力
航　速：13.5节
续航力：1940海里/10节
乘　员：317人

萨克森级舰装甲防御

铁 甲 堡：外层铁甲
　　　　　127—254mm
　　　　　内层柚木
　　　　　200—288mm
甲　板：50—70mm
炮　塔：外层铁甲254mm
　　　　内层柚木228mm
司 令 塔：140mm
甲　板：76mm
防水隔舱：外层铁甲203mm
　　　　　内层柚木152mm

萨克森战舰武器配置图

260mm 克鲁伯 后膛炮 左右各×1

260mm 克鲁伯 后膛炮 左右各×1

克鲁伯（Krupp）260mm 后膛炮×6

87mm 炮×6

37mm 炮×8

260mm 克鲁伯 后膛炮×2

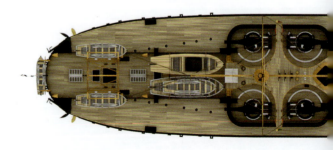

萨克森战舰多角度视图

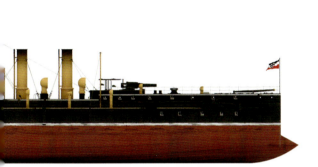

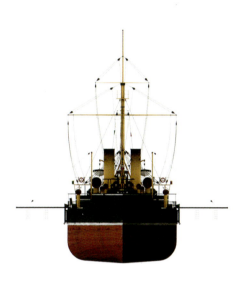

定远舰与母型萨克森战舰比较

清政府订制的北洋水师主力战舰定远、镇远舰在相当程度的基础上采用了 1875 年起造的德国"萨克森（Sachsen）"铁甲舰做为参考，虽然萨克森只是大型海岸防卫铁甲舰。但是它的吨位小、吃水浅，极为适合中国港口水深。

我们可以从下方上视图图面上简单做出比较，在形态上无论是舰长、舷宽，定远舰皆与萨克森铁甲舰相当接近。再从右上的舰艏正面视图来看，其吃水深度也几近相同。再看右下的右舷侧视图比较，连冲角也几乎一模一样，可以说整个定远舰的船体就是德国萨克森铁甲舰舰体的翻版。

虽然说定远舰参考了萨克森铁甲舰，但是也并非是一味模仿，而毫无自己的理念。我们可以看到萨克森铁甲舰的中央露炮台采用开放式设计，这样的设计在中弹时是非常危险的，极有可能因为中弹而引爆，瞬间就能完全毁灭整体中央露炮台里面的所有炮组。而且炮弹碎片与其他建构物的碎裂物的弹片也极易对中央露炮台内炮组人员造成杀伤，另外在横阵当道的当时，中央露炮台内四炮组仍然存在前炮无法朝后射击，后炮无法朝前射击的基本问题。

所以定远舰的主炮位设计便舍弃了萨克森铁甲舰的开放式的中央露炮台设计，而参考了英国"英弗莱息白（Inflexble）"的对角线斜对称式布局，及其他诸多优点并综合北洋水师的实际需求而成的亚洲第一巨舰。

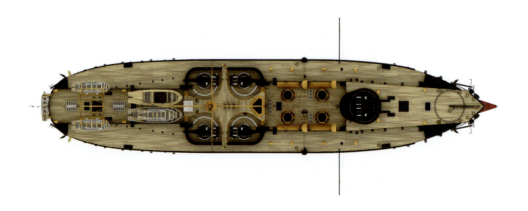

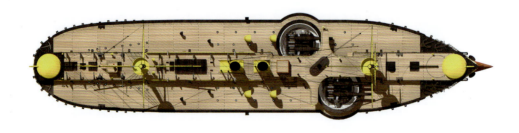

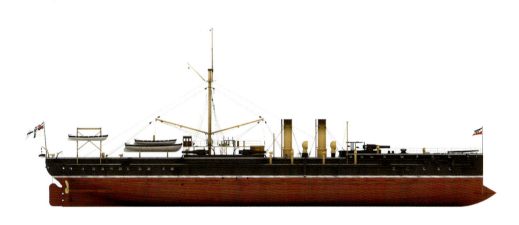

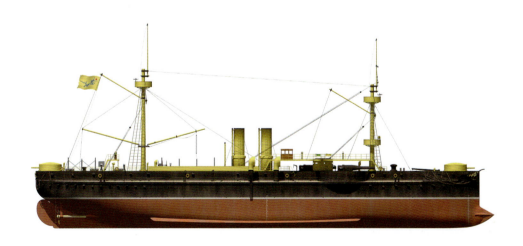

定远、镇远舰母型介绍二

1881年完成的"英弗莱息白（Inflexble）"铁甲战舰，是由英国船舰设计师巴纳贝(Barnaby)所设计。

英弗莱息白战舰是当时英国火炮口径最大、装甲厚度最厚的最新式铁甲战舰。其特殊在于主炮的布置设计与领先世界其他船舰的装甲防护模式，英弗莱息白舍弃了当时铁甲舰贯用的水线带装甲形式，变成包覆全舰重要部分的装甲防护空间，这样崭新的设计于当时被称为"铁甲堡"。此铁甲堡使用厚度 508 — 609mm 装甲，圈出个长 33.5m、宽 22.9m 的空间，舰上重要的主炮运作机构、弹药库均设置其中。更先进的装甲模式使其性能获得提升，减轻的重量也使吃水深度降低了。

主炮使用令人吃惊的 406mm 口径巨炮，将四门巨炮分别置于两座由下方旋转机构转动的炮塔内。炮塔采用斜对称设计，此设计解决了当时因应对横阵战术以舰艏对敌，中线设置炮塔存在的前不能朝后，后无法朝前的问题。斜对称炮塔的主炮可以同时朝前、朝后射击。 这些特殊新颖的设计使得当时的英弗莱息白声名大噪。

英弗莱息白军舰概述

舰　名：英弗莱息白 Inflexble

舰　型：铁甲战舰

建　造：英国Portmouth Naval Dockyar公司

建　期：1874年—1881年

英弗莱息白军舰性能一览

排水量：11880吨

全　长：104.85m

舷　宽：22.86m

吃　水：8.02m

主　机：2座三胀往复式蒸汽主机

　　　　12座燃煤锅炉 双轴推进

　　　　(螺旋桨直径5m)

燃　料：煤

出　力：8407马力

航　速：14.75节

乘　员：440—470人

英弗莱息白军舰装甲防御

水　线：外层装甲610mm

　　　　内层柚木432mm

炮　塔：432mm

甲　板：76mm

司令塔：外层装甲508mm

　　　　内层柚木508mm

英弗莱息白战舰武器配置图

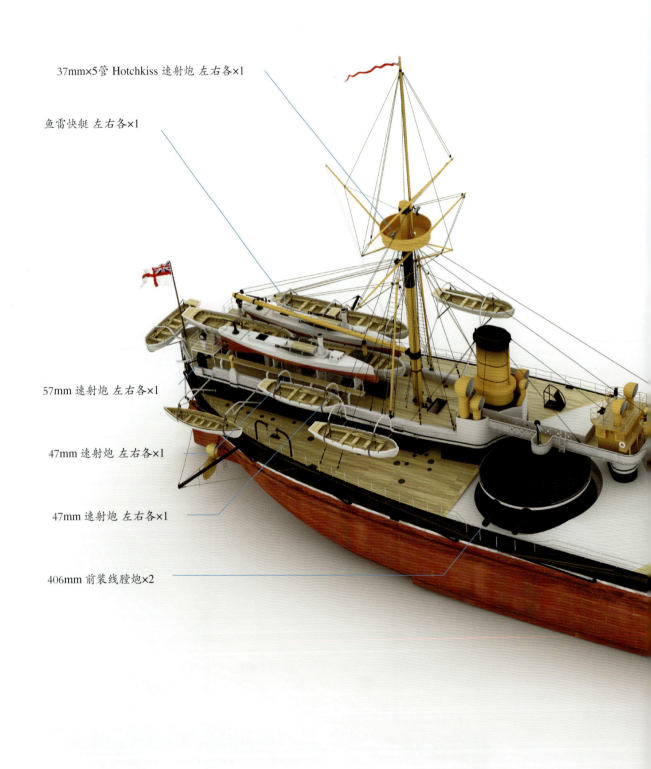

37mm×5管 Hotchkiss 速射炮 左右各×1

鱼雷快艇 左右各×1

57mm 速射炮 左右各×1

47mm 速射炮 左右各×1

47mm 速射炮 左右各×1

406mm 前装线膛炮×2

406mm 前装线膛炮×4
406mm 前装线膛炮×4
120mm 后膛炮×6
哈乞开斯（Hotchkiss）57mm 6磅速射炮×2
哈乞开斯（Hotchkiss）47mm 3磅速射炮×2
哈乞开斯（Hotchkiss）37mm×5管速射炮×8
诺典费尔德（Nordenfelt）25mm×4管机关炮×2
360mm水下鱼雷发射管×2
360mm鱼雷发射架×2
鱼雷艇×2

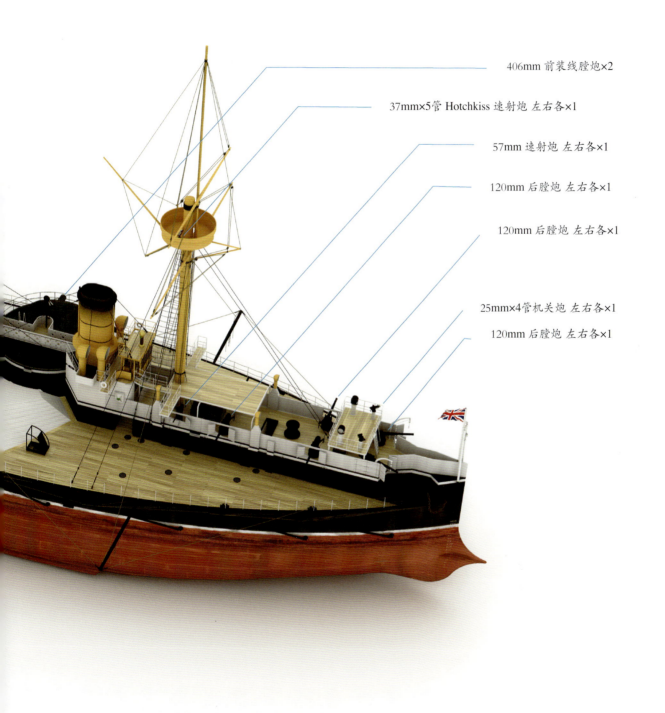

406mm 前装线膛炮×2

37mm×5管 Hotchkiss 速射炮 左右各×1

57mm 速射炮 左右各×1

120mm 后膛炮 左右各×1

120mm 后膛炮 左右各×1

25mm×4管机关炮 左右各×1

120mm 后膛炮 左右各×1

定远舰与母型英弗莱息白战舰比较

作为定远舰母型舰之一的英国"英弗莱息白（Inflexble）"，是属于大型的铁甲战舰，是当时英国最新式的铁甲舰，其舍弃当时主流的水线装甲，采用铁甲堡设计、厚植装甲、极大口径巨炮与多项新式设计使其在世界铁甲舰史上具有一定的地位。

由下方上视图比对，就舰长与舷宽可以看到两舰型的明显差异，其吨位上的差别明显是因中国沿岸水浅而做出的考虑。从右上舰艏正面视图与右下方右舷侧视图也可以明显比较出两舰吃水差异，由于受吃水深度影响，其吨位与体积自然就受到限制。

定远舰主炮因吨位而需采用较小的 305mm 克鲁伯炮，但却是较为先进的后膛炮。其主炮塔虽然采用英弗莱息白的对角线斜对称式设计，然而其实际运作方式却舍弃英弗莱息白的旋台式设计，也就是说英弗莱息白的主炮位采用闷罐式设计，是整个炮塔与炮一起转动，而定远舰采用了开放式主炮塔，运作时仅是炮与炮架旋转，炮塔是不动的。这样大大地减轻了旋转机构的负担，其非闷罐式的露天炮台也避免了炮弹碎片在炮罩内弹跳形成更大的人员伤亡，也省却射击后需待烟雾由炮罩内散出才能再做射击的时间延迟。

定远舰吨位虽然较小，但是综合了英国英弗莱息白与德国萨克森两舰的各项优点，使其仍然不失其为一等铁甲舰的地位。我们能够从其经历黄海海战一整个下午受到日本舰队速射炮猛烈轰击而依然完好得到证实。

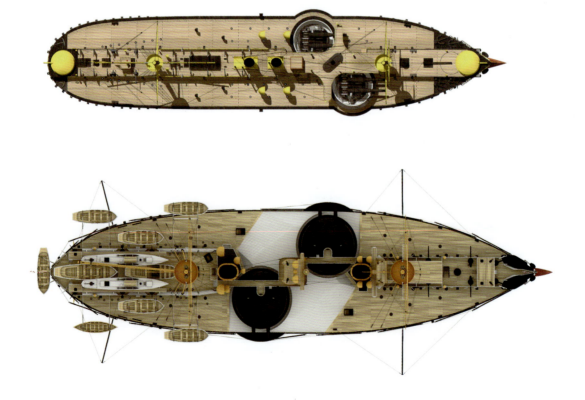

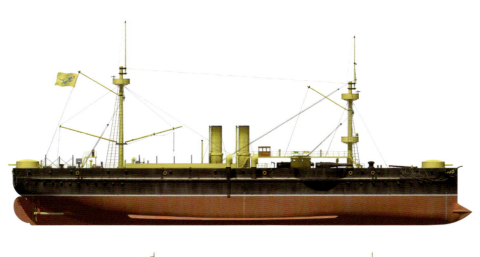

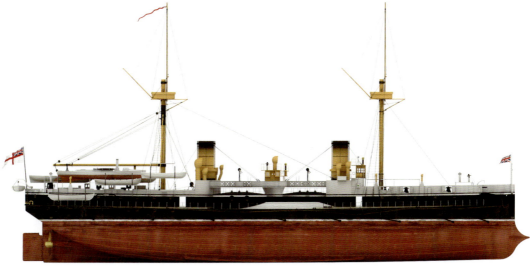

济远穹甲巡洋舰

　　1883 年订购的济远装甲巡洋舰是艘新式设计的穹甲巡洋舰,所谓"穹甲",即于船体内部设计中央隆起高过水线,两侧下斜低于水线的装甲模式。有别于一般的垂直装甲,其斜面装甲利于反弹袭击的炮弹。并就中国水域将其设计成吨位小、吃水浅,再配以 210mm 之大口径火炮,形成速度快、火力强的快船,不同于舷侧安放排炮之设置。服役期间参与了丰岛海战及黄海海战,惜因世界舰船及火炮技术日新月异,济远快船的设计理念未能获得发展。甲午战后济远舰为日军掳获。

济远管带 方伯谦

归国时济远以三桅杆张帆航行于大西洋,前方为定、镇远。济远舰之前后桅杆为木造,仅为远洋航行时增进风力而使用,返国之后即行拆除,成为后来所见单桅原貌。

济远军舰概述

舰　名：济远 Ji Yuen
舰　长：管带 方伯谦
舰　型：穹甲巡洋舰
建　造：德国伏尔铿(Vulkan)造船厂
造　价：62万两白银
建　期：1883年12月1日下水
　　　　1884年9月完工
服　役：1885年10月21日—1895年2月17日（清）
　　　　1895年2月17日—1904年11月30日（日）

济远军舰装甲防御

舰　体：25.4mm钢质和50.8mm
　　　　铁质装甲层复合而成
炮　塔：主炮露炮台装甲254mm
　　　　炮盾装甲355.6mm
司令塔：38.1mm

济远军舰性能一览

排水量：2440吨
全　长：71.93m
舷　宽：10.36m
吃　水：5.18m
主　机：4座锅炉2部蒸汽机
　　　　双轴推进
燃　料：煤 基本载量230吨
　　　　最大载量400吨
出　力：2800马力
航　速：15节
乘　员：202人

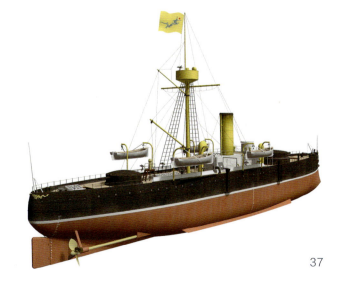

济远舰武器配置图

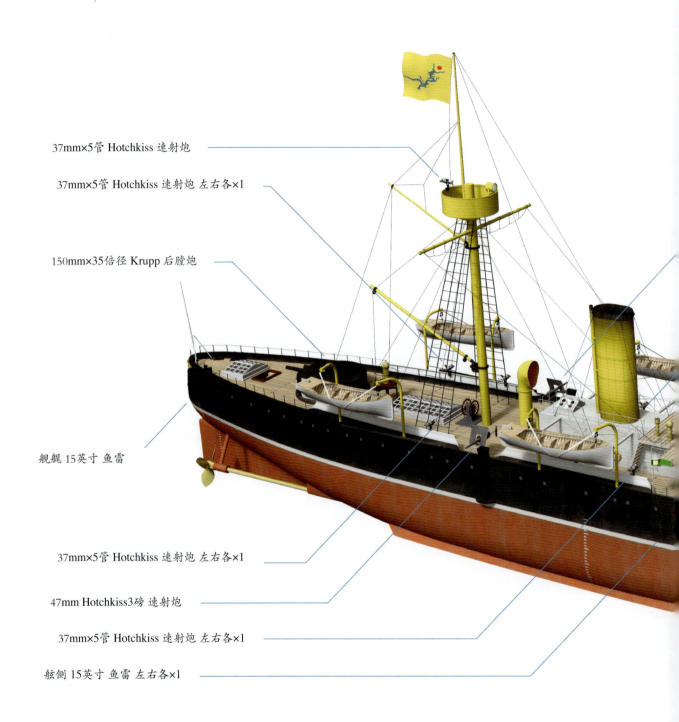

37mm×5管 Hotchkiss 速射炮

37mm×5管 Hotchkiss 速射炮 左右各×1

150mm×35倍径 Krupp 后膛炮

舰艉 15英寸 鱼雷

37mm×5管 Hotchkiss 速射炮 左右各×1

47mm Hotchkiss3磅 速射炮

37mm×5管 Hotchkiss 速射炮 左右各×1

舷侧 15英寸 鱼雷 左右各×1

克鲁伯（Krupp）210mm 35倍径后膛炮×2
克鲁伯（Krupp）150mm 35倍径后膛炮×1
哈乞开斯（Hotchkiss）47mm 3磅速射炮×2
哈乞开斯（Hotchkiss）37mm×5管速射炮×9
15英寸 鱼雷发射管×4

47mm Hotchkiss3磅 速射炮

37mm×5管 Hotchkiss 速射炮 左右各×1

210mm×35倍径 Krupp 后膛炮×2

舰艏 15英寸 鱼雷

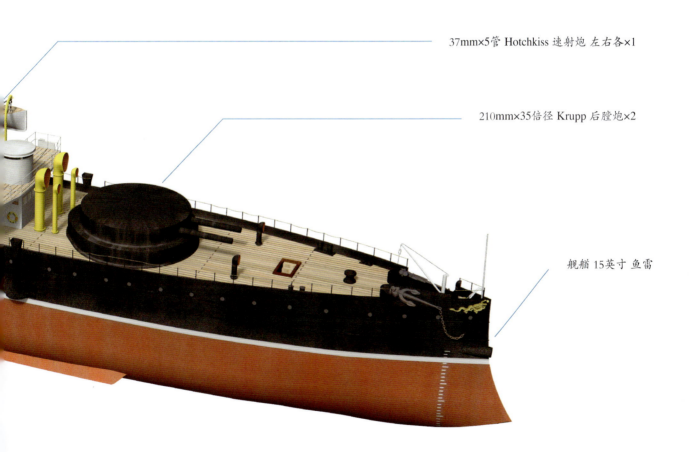

致远、靖远、经远、来远
四舰返国

经中法战争的教训，为巩固台、澎一带海域，而添购快船四艘以备台、澎使用。由于军售竞争使得原本预购的德制四艘快船变为向英国、德国各购两艘。即为后来的致远、靖远、经远、来远四舰。

1887年7月致远、靖远于英国相继完工。随后于德国完工的经远、来远亦来到朴茨茅斯港会合，并拖曳左一鱼雷艇一起于1887年9月12日启程返国，四舰由英人琅威理统领。

依旧沿大西洋经直布罗陀海峡、地中海、苏伊士运河、红海、印度洋、太平洋航线返国。于1887年12月10日抵达厦门。

1887 年 12 月 10 日丁汝昌提督亲率北洋舰队主力战舰定远、镇远迎接，此时岸上炮台鸣放礼炮致敬，港区各舰鸣笛欢迎五艘生力军加入，此时当是清朝海军战力最佳的时刻。

致远、靖远穹甲巡洋舰

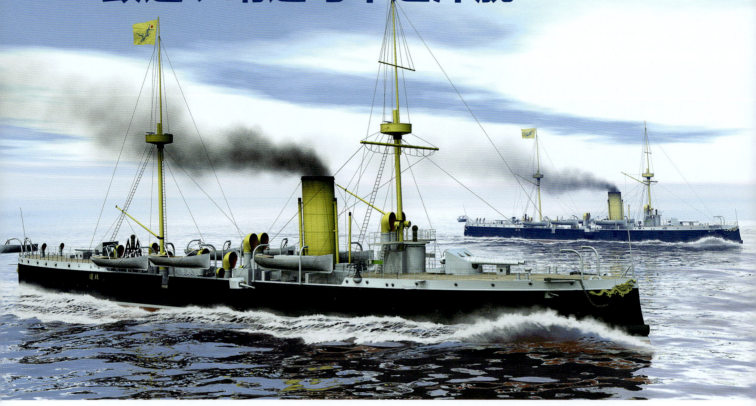

1885年向英国订购致远、靖远两艘穹甲巡洋舰。这是在争取造舰合约频频失利后，英国允诺售予清朝更先进的船舰，而由原计划依济远级舰再购四舰的规划中分出两舰向英国购置。

致远、靖远两艘穹甲巡洋舰，不仅设备先进、船形优美，在航速上的表现上亦与世界先进船舰等齐。配备的德制210mm克鲁伯炮，是因清军为统一火炮以便日后弹药补给、机械维修而采用，然其两舷之副炮，则因为舷侧耳台设计上的需要仍使用英制阿姆斯特朗150mm炮。

致远、靖远完工后于1887年由北洋海军自行驶往大西洋与同时由德国制造完工的经远、来远舰一并驶返中国。

致远舰于甲午海战中冲撞日舰吉野未果爆炸沉没；靖远于甲午海战后受创半沉，为免资敌由己方广丙击沉。

致远管带 邓世昌

靖远管带 叶祖珪

致远、靖远舰性能参数

致远级舰概述

舰　名：致远 Chih Yuen　靖远 Ching Yuen
舰　长：致远管带 邓世昌，靖远管带 叶祖珪
舰　型：穹甲巡洋舰
建　造：英国阿姆斯特朗(Armstrong)造船厂
造　价：84.5万两白银
建　期：1886年9月下水，1887年7月完工
　　　　于1887年12月抵厦门加入北洋水师
服　役：致远：1887年12月10日—1894年9月17日
　　　　于黄海海战中重创沉没
　　　　靖远：1887年12月10日—1895年2月10日
　　　　于威海湾内受创半沉后，由广丙击沉

致远级舰装甲防御

装甲设计：装甲为拱形穹甲倾斜至水
　　　　　线以下，水线附近不设装甲
　　　　　以煤柜防御
炮　　塔：50.8—101.6mm
舷　　侧：50.8mm
司　令　塔：101.6mm

致远级舰性能一览

排水量：2300吨
全　长：76.2m
舷　宽：11.58m
吃　水：4.57m
主　机：4座锅炉2部蒸汽机 双轴推进
燃　料：煤 基本载量230吨
　　　　　　最大载量400吨
出　力：5500马力 增压为7600马力
航　速：18.5节
续航力：6000海里/10节
乘　员：202人

致远、靖远舰武器配置图

11mm×10管 Gatling 机关炮×2

210mm×35倍径 Krupp 后膛炮

57mm Hotchkiss 6磅 速射炮 左右各×1

舰艏 14英寸 鱼雷

37mm Hotchkiss 2.5磅 速射炮 左右各×1

11mm×10管 Gatling 机关炮 左右各×1

57mm Hotchkiss 6磅 速射炮 左右各×1

6英寸×40倍 Armstrong 径后膛炮 左右各×1

57mm Hotchkiss 6磅 速射炮 左右各×1

舷侧 15英寸 鱼雷 左右各×1

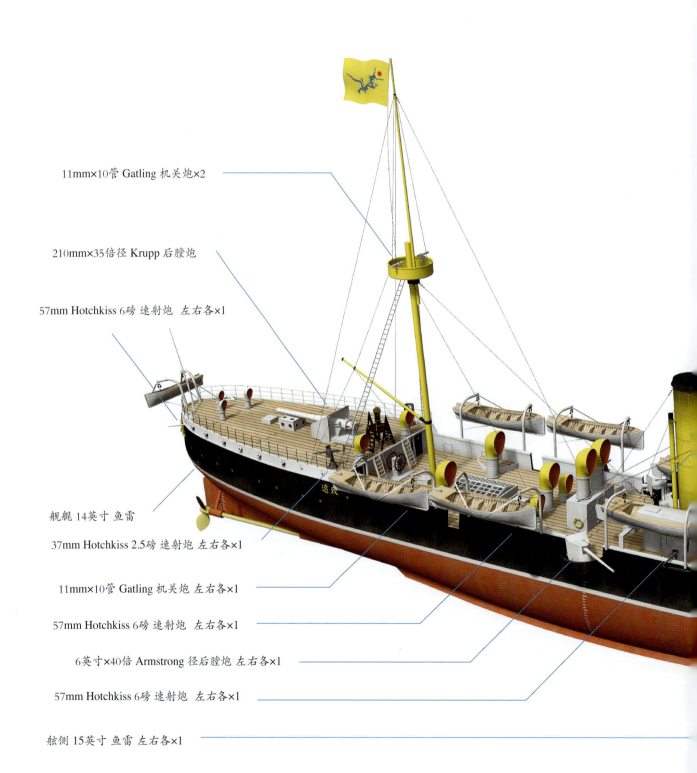

克鲁伯（Krupp）210mm 35倍径后膛炮×3
阿姆斯特朗（Armstrong）6英吋40倍径后膛炮×2
哈乞开斯（Hotchkiss）57mm 6磅速射炮×8
哈乞开斯（Hotchkiss）37mm 2.5磅速射炮×6
加特林（Gatling）11mm×10管机关炮×6
14英寸 鱼雷发射管×4

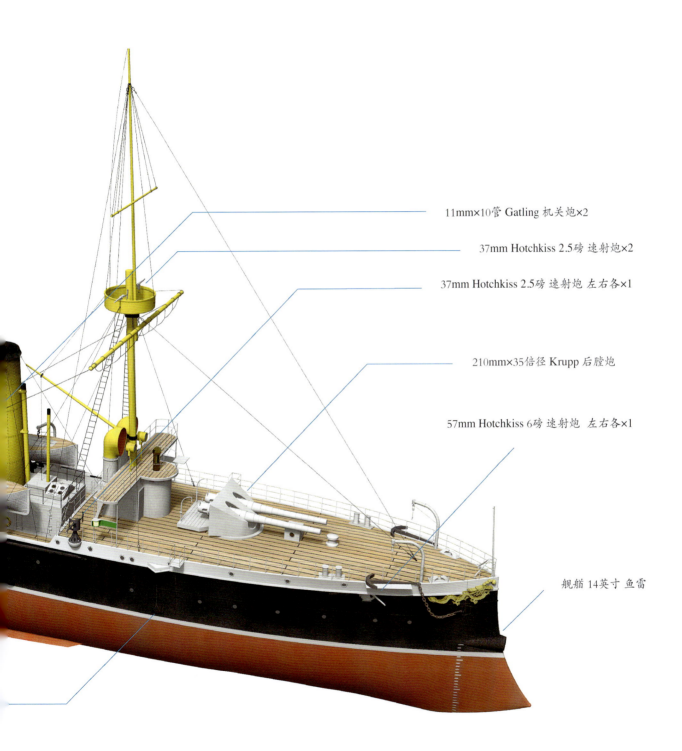

11mm×10管 Gatling 机关炮×2

37mm Hotchkiss 2.5磅 速射炮×2

37mm Hotchkiss 2.5磅 速射炮 左右各×1

210mm×35倍径 Krupp 后膛炮

57mm Hotchkiss 6磅 速射炮 左右各×1

舰艏 14英寸 鱼雷

经远、来远装甲巡洋舰

　　原计划依济远级舰再购四舰的规划中，分出两舰向英国购置，另外向德国购置的两舰便是经远与来远舰。此两舰属于济远舰的改良版，一改闷罐式炮罩而采用后部开放式炮罩，同样使用210mm大口径火炮与鱼雷，舍弃济远的穿甲防护模式（仅在军舰艏艉各装设一段穿甲）采用如同定远般的铁甲堡防护，因此吨位略大，但其航速要比济远快。

　　经远、来远这两艘装甲巡洋舰于1887年与英造致远、靖远舰一同返国，归国服役后，以经远与致远舰，来远与靖远舰为搭配组合，此搭配应该出于英、德设计上的利弊而为互补作用。

　　致远舰沉没后，经远舰亦于黄海之战中遭日军第一游击队围攻沉没，来远舰于黄海海战后于刘公岛东南方遭日本小鹰号鱼雷艇袭击，翻覆沉没于威海湾。

经远管带 林永生

来远管带 邱宝仁

经远、来远舰性能参数

经远级舰概述

舰　名：经远 King Yuen　来远 Lai Yuen
舰　长：经远管带 林永升，来远管带 邱宝仁
舰　型：装甲巡洋舰
建　造：德国伏尔铿(Vulkan)造船厂
造　价：86万5000两白银
建　期：经远1887年1月3日下水
　　　　来远1887年3月25日下水
服　役：经远1887年12月10日—1894年9月17日，
　　　　于黄海海战中重创沉没
　　　　来远1887年12月10日—1895年2月6日
　　　　于威海湾内受日本鱼雷艇小鹰号击中而沉没

经远级舰装甲防御

装　甲：水线带装甲241.3mm—129.54mm
　　　　穹甲装甲甲板倾斜处76.2mm
　　　　穹甲平坦处38.1mm
炮　塔：炮座胸墙装甲203.2mm
　　　　炮盾38.1mm
　　　　司令塔 152.4mm

经远级舰性能一览

排水量：2900吨
全　长：82.4m
舷　宽：11.99m
吃　水：5.11m
主　机：2座三胀往复式蒸气机
　　　　4座圆式燃煤锅炉 双轴推进
燃　料：煤 载量320—350吨
出　力：4400马力
航　速：16节
乘　员：202人

经远、来远舰武器配置图

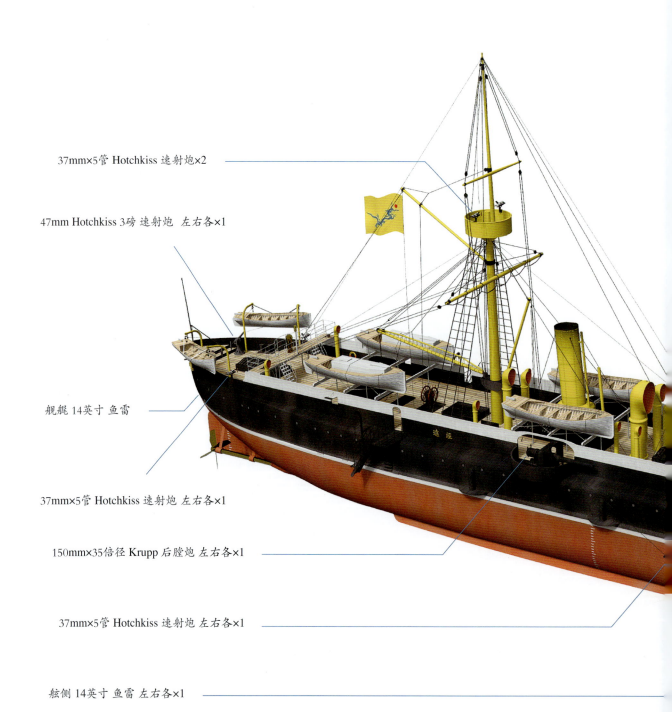

37mm×5管 Hotchkiss 速射炮×2

47mm Hotchkiss 3磅 速射炮 左右各×1

舰艏 14英寸 鱼雷

37mm×5管 Hotchkiss 速射炮 左右各×1

150mm×35倍径 Krupp 后膛炮 左右各×1

37mm×5管 Hotchkiss 速射炮 左右各×1

舷侧 14英寸 鱼雷 左右各×1

克鲁伯（Krupp）210mm 35倍径后膛炮×2
克鲁伯（Krupp）150mm 35倍径后膛炮×2
克鲁伯（Krupp）75mm舢舨炮×4
哈乞开斯（Hotchkiss）47mm 3磅速射炮×2
哈乞开斯（Hotchkiss）40mm 3磅速射炮×1
哈乞开斯（Hotchkiss）37mm×5管速射炮×5
14英寸 鱼雷发射管×4

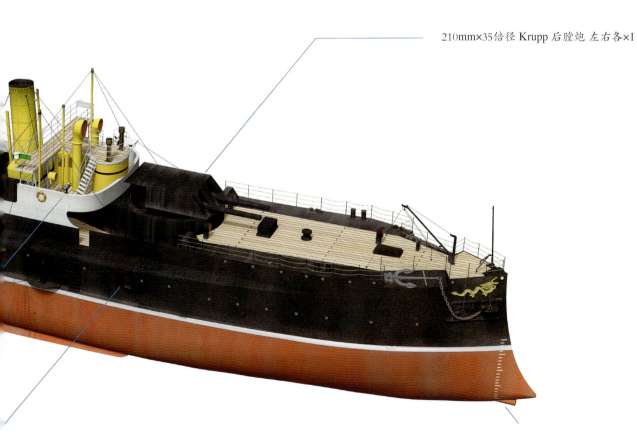

210mm×35倍径 Krupp 后膛炮 左右各×1

舰艏 14英寸 水下鱼雷发射管

致远、经远级舰比较

致远级舰(英造)

经远级舰(德造)

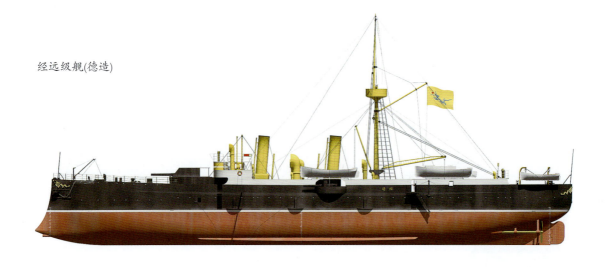

　　经远舰为德国制造，使用与定远相同的铁甲堡防护，致使其吨位稍大。外型上依然给人以坚固耐用的印象，事实也是如此。然而就战略、战术上来看，以装甲防护为主的设计理念在速度上稍呈劣势。英国所设计制造的致远舰思维就略为不同，装甲使用穹甲防护设计，在重量上、体型上就不那么笨重，这样可以使航速获得提升，在操作上也势必更加快捷灵活。

　　再就致远舰使用尾炮的设置，无论在防御或是攻击上，其思考均优于经远的无尾炮设计。经远舰艉仅足够做小防卫的小火炮布置，显示出极为明显的舰艏向敌的横阵战术思考。然而英造致远舰设计思考虽然略为不同，但是基本上还是就横阵战术思想所设计制造的船舰。因此其设计上的些微差异由黄海海战来看，并无法使它们的命运有所不同。

经远级舰(德造)

致远级舰(英造)

舰型	致远级穹甲巡洋舰（英造）	经远级装甲巡洋舰（德造）
排水量	2300 吨	2900 吨
航速	18.5 节	16 节
火炮	主炮 Kurpp 210mm×3 舷炮 Armstrong 150mm×2 Hotchkiss 57mm 速射炮 ×8 Hotchkiss 37mm 速射炮 ×6 Gatling 11mm×10 管机关炮 ×6 14 英寸鱼雷发射管 ×4	主炮 Kurpp 210mm×2 舷炮 Kurpp 150mm×2 Kurpp 75mm 舢舨炮 ×4 Hotchkiss 47mm 速射炮 ×2 Hotchkiss 40mm 速射炮 ×1 Hotchkiss 37mm×5 管速射炮 ×5 14 英寸鱼雷发射管 ×4
装甲	穹甲式	铁甲堡式
人员	202 人	202 人

左队一号鱼雷快艇

　　1866 年可以自行的鱼雷出现，尽管当时这种技术并不成熟，但世界各国造舰大多还是会配置鱼雷，这也可以看出大家对鱼雷所抱持的期望。

　　清廷对这种新式武器也是颇为重视，而速度快、机动性高、制造价格低廉的鱼雷快艇自然很受青睐。

　　1886 年向英国订购的左一鱼雷快艇，1887 年由归国的经、来、靖、致远四舰一并拖带回国。由甲午海战结果来看，虽然清军的鱼雷快艇并没什么特殊表现，但是从日本鱼雷艇两次进入威海卫偷袭清舰定远、来远得逞，显见鱼雷快艇还是极为有用的利器。

左一鱼雷快艇性能参数

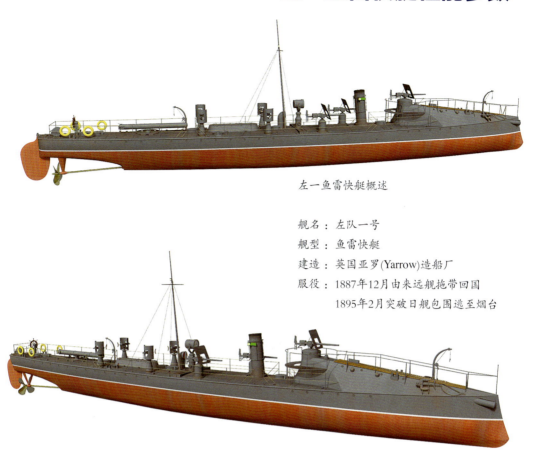

左一鱼雷快艇概述

舰　名：左队一号
舰　型：鱼雷快艇
建　造：英国亚罗(Yarrow)造船厂
服　役：1887年12月由来远舰拖带回国
　　　　1895年2月突破日舰包围逃至烟台

左一鱼雷快艇性能一览

排水量：90吨
全　长：39.01m
舷　宽：3.81m
吃　水：1.91m
主　机：1座立式三胀蒸气机，1座燃煤锅炉
　　　　单轴推进
燃　料：煤　基本载量12吨
　　　　　　最大载量20吨
出　力：1000马力
航　速：23.8节
乘　员：33人

左一鱼雷快艇武器配置图

14英寸 鱼雷

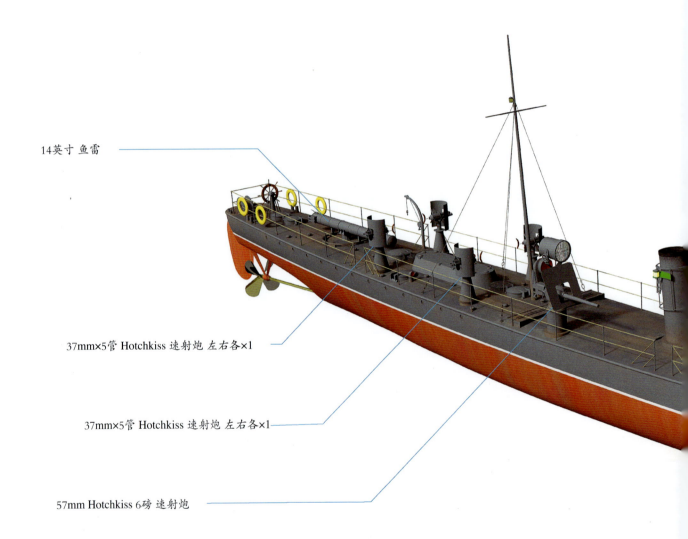

37mm×5管 Hotchkiss 速射炮 左右各×1

37mm×5管 Hotchkiss 速射炮 左右各×1

57mm Hotchkiss 6磅 速射炮

360mm鱼雷发射管×3
哈乞开斯（Hotchkiss）57mm 6磅速射炮×3
哈乞开斯（Hotchkiss）37mm×5管速射炮×4

57mm Hotchkiss 6磅 速射炮

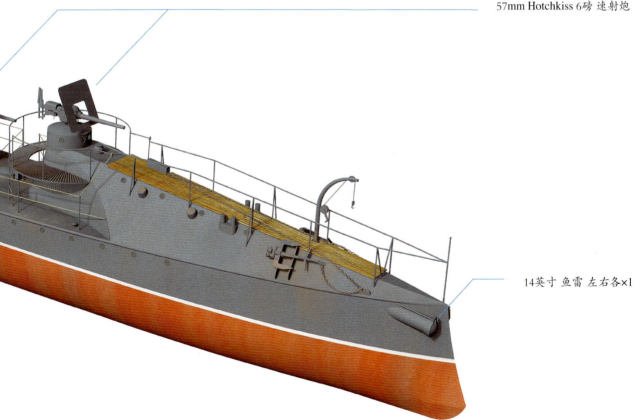

14英寸 鱼雷 左右各×1

平远近海防御铁甲舰

平远近海防御铁甲舰是清政府自行制造的第一艘铁甲舰，由福州船政局工程师参酌法国军舰并配合海防的需要而设计制造，于1889年9月完工。平远舰所参考的母型舰属于改良型的炮舰（蚊子船），有着吃水浅、煤容量小等特征，属于近海防卫舰。然平远舰做了些许修正，如加大排水量、吃水较深、提升的动力系统与加大的煤仓等等，使得平远舰达到远洋作战需求。

平远舰也提升了防御装甲并配置了冲角，主炮采用1门260mm克鲁伯后膛炮，与2门150mm副炮安置于两舷侧耳台内。

建造平远舰原为防卫闽台海域，但待建成时，闽台海域局势已趋缓和，于是将平远舰移交北洋海军。从黄海海战一役来看，这艘自制的平远舰，实是坚实良好的一艘自造舰，战后为日本掳获并且服役了将近十年之久。

平远管带 李和

平远舰性能参数

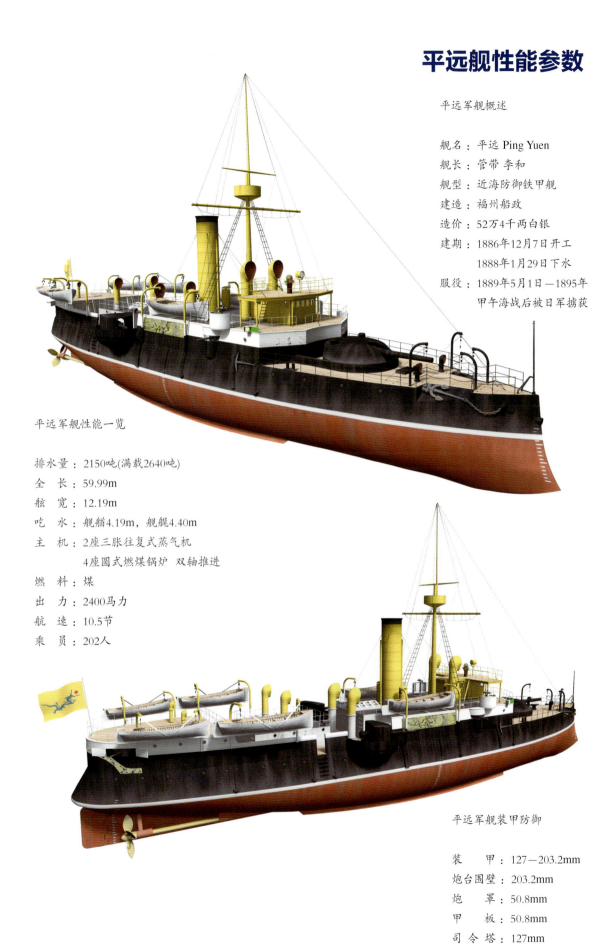

平远军舰概述

舰名：平远 Ping Yuen
舰长：管带 李和
舰型：近海防御铁甲舰
建造：福州船政
造价：52万4千两白银
建期：1886年12月7日开工
　　　1888年1月29日下水
服役：1889年5月1日—1895年
　　　甲午海战后被日军掳获

平远军舰性能一览

排水量：2150吨(满载2640吨)
全　长：59.99m
舷　宽：12.19m
吃　水：舰艏4.19m，舰艉4.40m
主　机：2座三胀往复式蒸气机
　　　　4座圆式燃煤锅炉　双轴推进
燃　料：煤
出　力：2400马力
航　速：10.5节
乘　员：202人

平远军舰装甲防御

装　　甲：127—203.2mm
炮台围壁：203.2mm
炮　　罩：50.8mm
甲　　板：50.8mm
司 令 塔：127mm

平远舰武器配置图

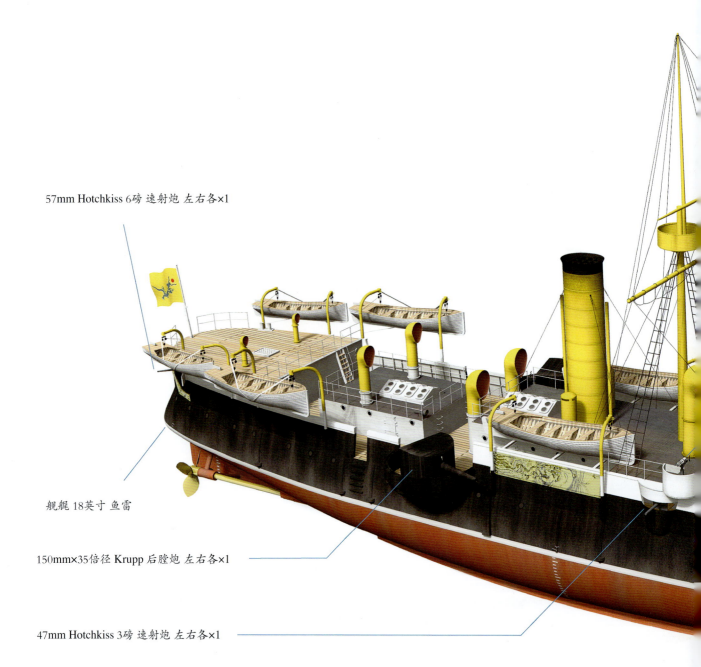

57mm Hotchkiss 6磅 速射炮 左右各×1

舰艉 18英寸 鱼雷

150mm×35倍径 Krupp 后膛炮 左右各×1

47mm Hotchkiss 3磅 速射炮 左右各×1

克鲁伯（Krupp）260mm 35倍径后膛炮×1
克鲁伯（Krupp）150mm 35倍径后膛炮×2
哈乞开斯（Hotchkiss）57mm 6磅速射炮×2
哈乞开斯（Hotchkiss）47mm 3磅速射炮×2
哈乞开斯（Hotchkiss）37mm×5管速射炮×4
18英寸鱼雷发射管×4

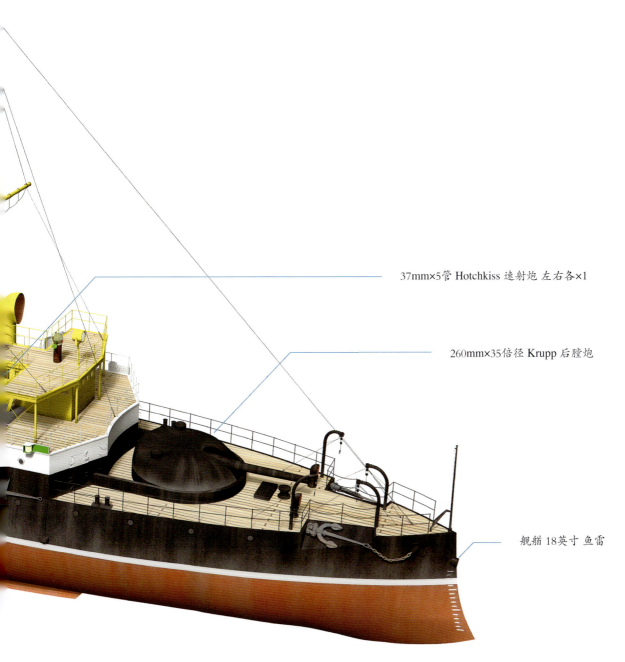

37mm×5管 Hotchkiss 速射炮 左右各×1

260mm×35倍径 Krupp 后膛炮

舰艏 18英寸 鱼雷

广甲无防护巡洋舰

　　1887 年建造完工的广甲舰为铁材骨干、木造船壳身，无附加防护装甲。属于旧式法式巡洋舰，主甲板上设立了三根桅杆便于巡航时张悬风帆节省燃煤。

　　广甲舰由于舰艏无足够空间设置主炮，因而采取耳台式设计，于舰艏两侧布置了 150mm 的克鲁伯后膛炮并能向后旋转 120 度射击；另于舰艉亦装置一门 150mm 的克鲁伯后膛炮，射角更达 210 度。此三门主炮无法含盖的射界便由两舷的 105mm 的克鲁伯后膛炮来防卫（甲午海战前更换，原为 120mm 的克鲁伯后膛炮），其向前射角各为 90 度。

　　广甲舰原是由两广订购，以用于两广海岸巡防，1893 年北上参与北洋水师会操，后来由于清、日关系紧张，战事一触即发，因此留用于北洋以充实北洋海军军力。

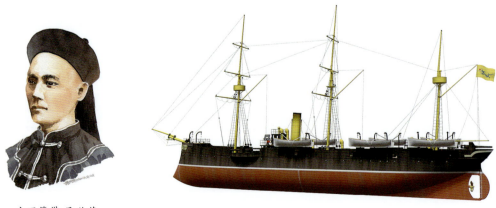

广甲管带 吴敬荣

广甲舰性能参数

广甲军舰概述

舰名：广甲Kuang Chia
舰长：管带 吴敬荣
舰型：铁肋木壳巡洋舰
建造：福州船政
造价：22万两白银
建期：1887年8月6日下水
　　　1887年12月4日完工
服役：1889年12月4日—1894年9月17日
　　　大连湾三山岛搁浅后由日舰击毁

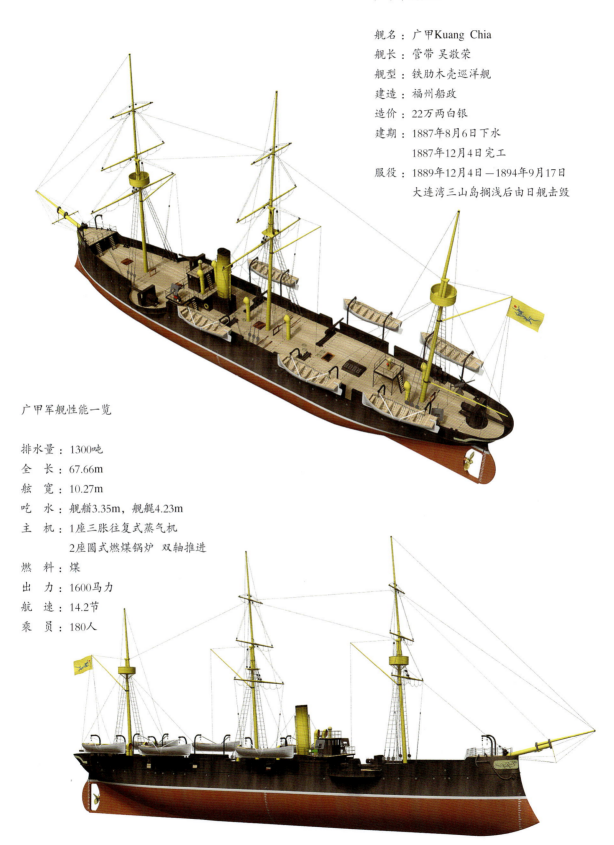

广甲军舰性能一览

排水量：1300吨
全　长：67.66m
舷　宽：10.27m
吃　水：舰艏3.35m，舰艉4.23m
主　机：1座三胀往复式蒸气机
　　　　2座圆式燃煤锅炉 双轴推进
燃　料：煤
出　力：1600马力
航　速：14.2节
乘　员：180人

广甲舰武器配置图

150mm×35倍径 Krupp 后膛炮

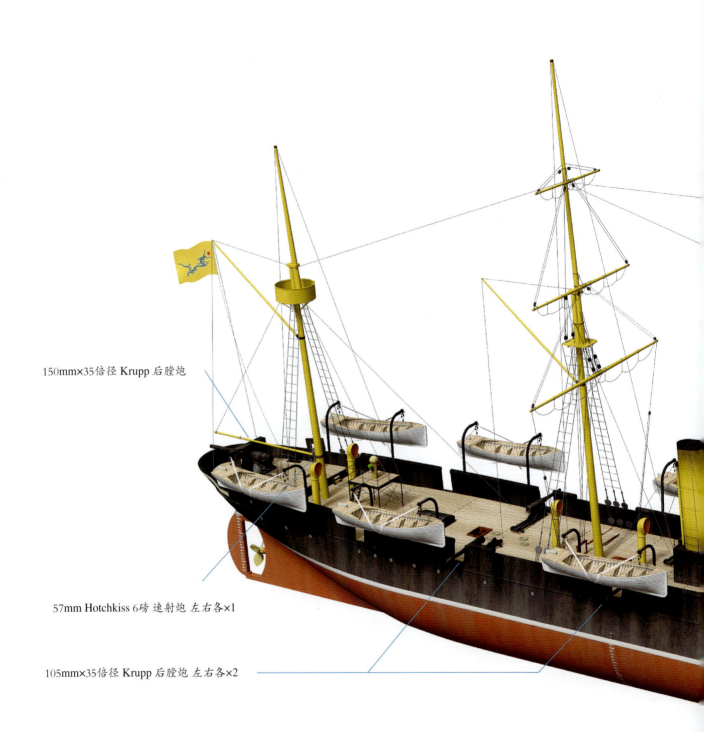

57mm Hotchkiss 6磅 速射炮 左右各×1

105mm×35倍径 Krupp 后膛炮 左右各×2

克鲁伯（Krupp）150mm 35倍径后膛炮×3
克鲁伯（Krupp）105mm 35后膛炮×4
哈乞开斯（Hotchkiss）57mm 6磅速射炮×4

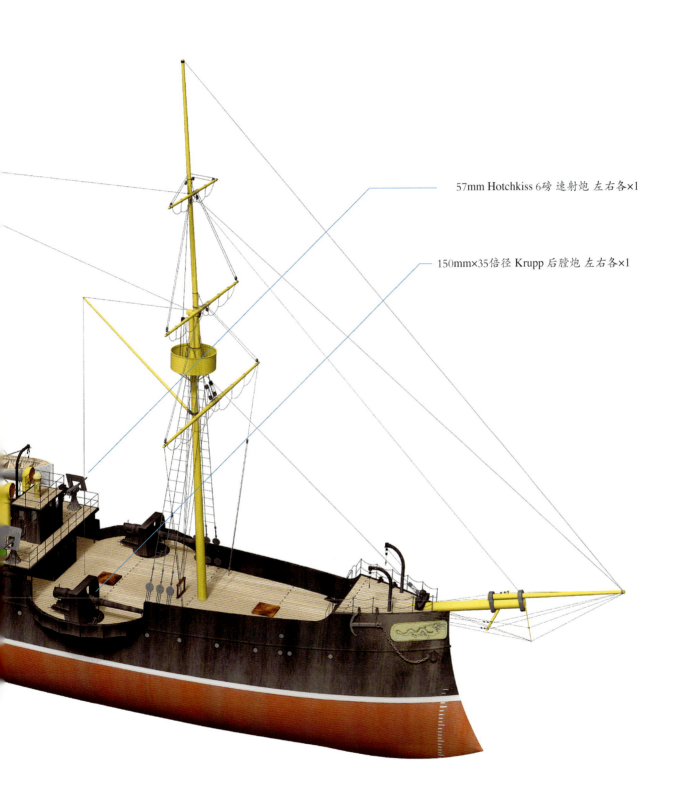

57mm Hotchkiss 6磅 速射炮 左右各×1

150mm×35倍径 Krupp 后膛炮 左右各×1

广乙、广丙鱼雷巡洋舰

广乙、广丙鱼雷巡洋舰与广甲舰一同北上参与北洋水师会操，后来也留用于北洋以充实北洋海军军力。

这两艘鱼雷巡洋舰也是由福州船政自行设计制造，以从制造广甲时所吸取的经验并参酌穹甲巡洋舰以及部分鱼雷艇特性综合而成。其舰艏配置了两具14英寸鱼雷发射管，中后部甲板下两舷侧亦装设14英寸鱼雷发射管，俨然是可以自行远洋的大型鱼雷艇，主炮配置三门120mm克鲁伯后膛炮（广乙尾炮为150mm克鲁伯后膛炮），并于海战前将120mm克鲁伯后膛炮换装成江南制造局制造的120mm速射炮。

广乙舰于1894年7月丰岛海战中受到日舰猛烈攻击而遭重创，后于十八家岛浅滩处抢滩搁浅并引火焚舰。广丙舰于1895年威海沦陷后被日本舰队收编，同年于澎湖海域遇暴风而沉没。

广乙管带 林国祥

广丙管带 程璧光

广乙级舰性能一览

排水量：1000吨
全　长：71.63m
舷　宽：8.23m
吃　水：3.96m
主　机：2座横置式往复式蒸气机
　　　　1座燃煤锅炉 双轴推进
燃　料：煤
出　力：2400马力
航　速：16.5节
乘　员：110人

广乙、广丙舰性能参数

广乙军舰概述

舰名：广乙 Kuang Yi
舰长：管带 林国祥
舰型：鱼雷巡洋舰
制造：福州船政
造价：20万两白银
建造：1889年8月28日下水
服役：1890年11月30日—1894年7月25日
　　　丰岛海战中遭重创，于十八家岛自焚

广丙军舰概述

舰名：广丙 Kuang Ping
舰长：管带 程璧光
舰型：鱼雷巡洋舰
制造：福州船政
造价：20万两白银
建造：1891年4月11日下水
服役：1891年12月18日—1895年2月
　　　威海卫被日攻陷后纳入日本舰队，
　　　是年12月21日在澎湖海域遭遇暴风
　　　而沉没

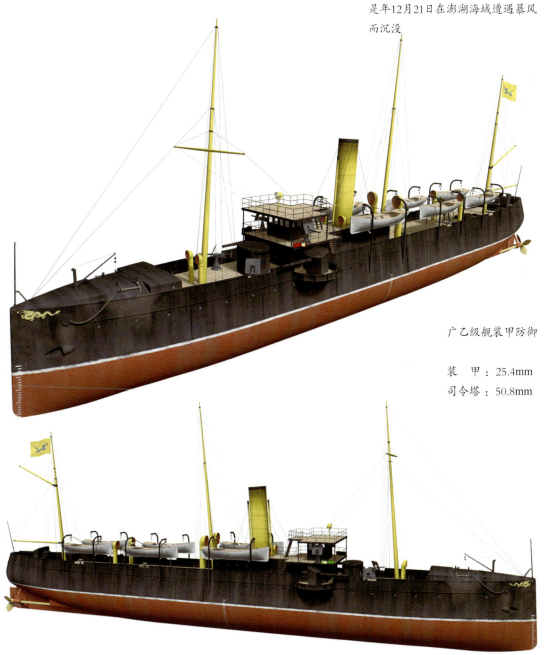

广乙级舰装甲防御

装　甲：25.4mm
司令塔：50.8mm

广乙、广丙舰武器配置图

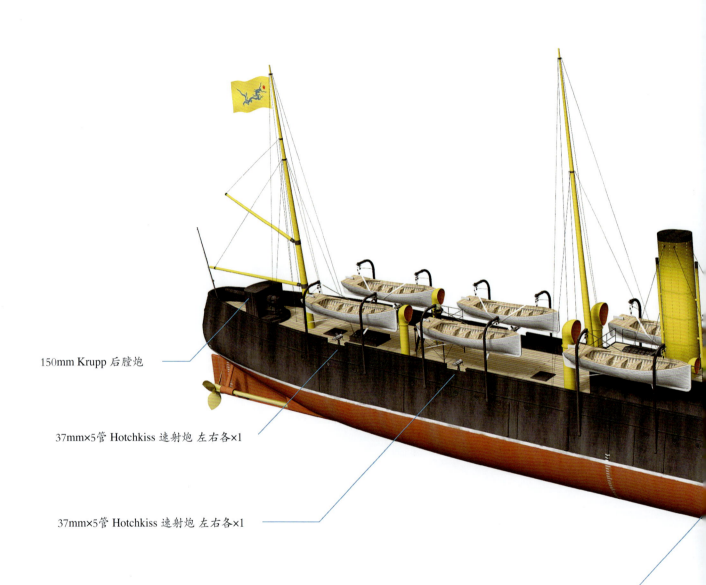

150mm Krupp 后膛炮

37mm×5管 Hotchkiss 速射炮 左右各×1

37mm×5管 Hotchkiss 速射炮 左右各×1

120mm Krupp 后膛炮

江南制造局120mm后膛炮–广乙舷炮×2（广丙舷炮尾炮×3）
克鲁伯（Krupp）150mm 35倍径后膛炮–广乙尾炮×1
哈乞开斯（Hotchkiss）47mm 3磅速射炮×4 – 广乙使用
哈乞开斯（Hotchkiss）57mm 6磅速射炮×4 – 广丙使用
哈乞开斯（Hotchkiss）37mm×5管速射炮×4
14英寸 鱼雷发射管×4

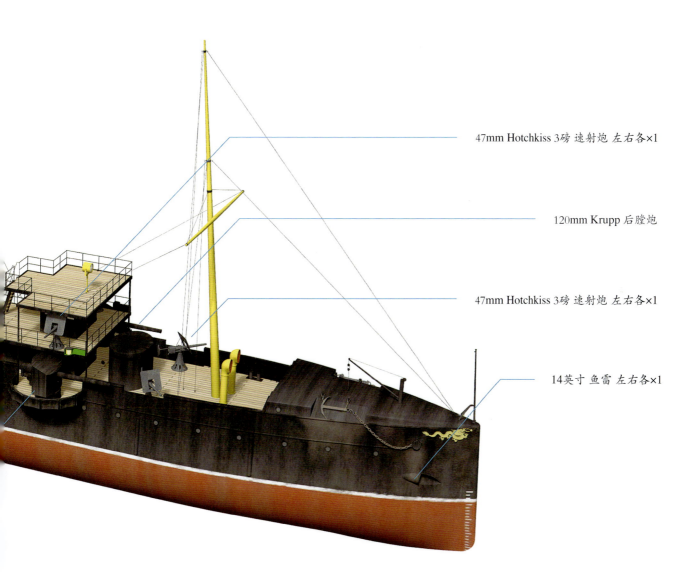

47mm Hotchkiss 3磅 速射炮 左右各×1

120mm Krupp 后膛炮

47mm Hotchkiss 3磅 速射炮 左右各×1

14英寸 鱼雷 左右各×1

江南制造局120mm后膛炮–广乙舷炮×2（广丙舷炮尾炮×3）

北洋舰队成军

清政府除大力从国外购置军舰外，也派员赴国外学习制造船舰技术并积极研制火炮。旅顺、威海等港也陆续建造完毕。画面展示了停泊于旅顺东港池的北洋舰队舰只，左边港池出口亦停泊几艘鱼雷快艇与整备的蚊子船数艘。

北洋舰队井然有序地在海上列队进行校阅，并进行各种火炮与战术操练。这是当时堪称国际水平的一支强盛舰队。

甲午海战
日本参战主要船舰图鉴

比叡二等战舰

　　比叡二等战舰为 1874 年日本向英国密佛赫文 (Milford Haven) 造船厂订购，以弥补当时于台海事件中所显露出的日本海军军力之不足。

　　此级军舰同时订造两艘，另外一艘为金刚二等战舰，两舰均参与了黄海海战，然金刚二等战舰并未列队于主要战斗舰队中。

　　两舰同属于较为早期的铁甲舰，其为铁材制作的肋骨再施以木壳船身，外壳再覆盖铁皮装甲。火炮布置属于旧式舷侧列炮方式，但是由甲午海战的纵阵与横阵对战结果来看，因为火炮技术的进步，舷侧列炮方式并没被淘汰。比叡二等战舰因属旧款战舰，航速稍差，所以受到不小攻击，或因舰长指挥得宜才能在清舰围击追捕中顺利脱逃并归其本队。

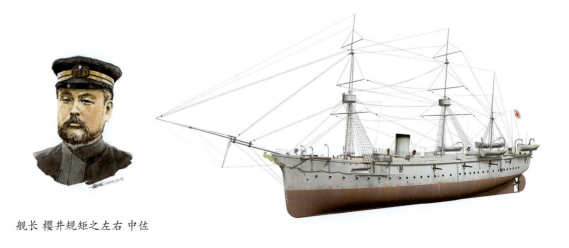

舰长 樱井规矩之左右 中佐

比叡舰性能参数

比叡军舰概述

舰　名：比叡（Hiei）
舰　长：樱井规矩之左右 中佐
舰　型：二等战舰
建　造：英国密佛荷文(Milford Haven)造船厂
建　期：1875年9月24日开工
建　期：1877年6月11日下水
　　　　1878年2月完工
服　役：1878—1911年4月1日除役

比叡军舰性能一览

排水量：2250吨(满载3178吨)
全　长：70.4m
舷　宽：12.5m
吃　水：5.3m
主　机：横置式2汽缸二段膨胀式蒸汽机
　　　　6座燃煤锅炉 单轴推进
燃　料：煤 基本载量280吨
　　　　最大载量340吨
出　力：2270马力
航　速：13节
乘　员：308人

比叡军舰装甲防御

水线装甲：88—137mm
舷　侧：137mm

比叡舰武器配置图

11mm×5管 Nordenfelt 机关炮

25mm×4管 Nordenfelt 机关炮 左右各×1

170mm×40倍径 Krupp 后膛炮

75mm×35倍径 Krupp 后膛炮 左右各×1

150mm×35倍径 Krupp 后膛炮 左右各×3

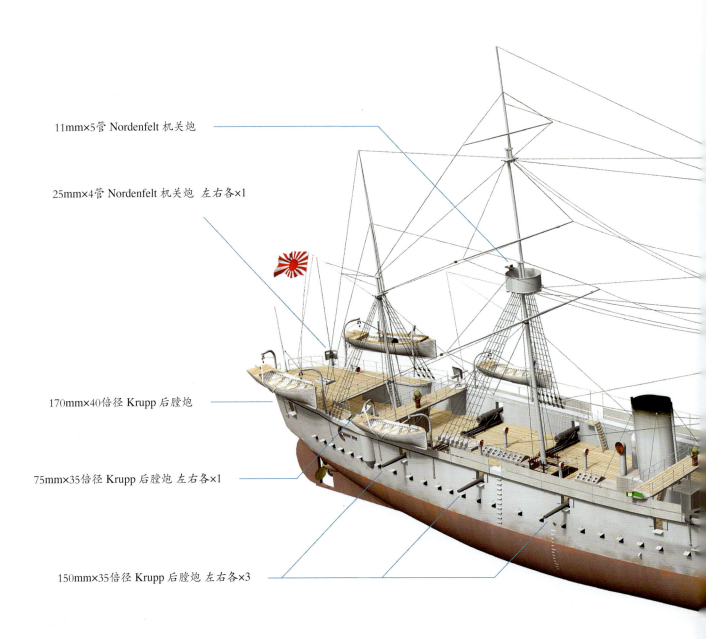

克鲁伯（Krupp）170mm 40倍径后膛炮×3
克鲁伯（Krupp）150mm 35倍径后膛炮×6
克鲁伯（Krupp）75mm速射炮×2
诺典费尔德（Nordenfelt）25mm×4管机关炮×4
诺典费尔德（Nordenfelt）11mm×5管机关炮×2
360mm鱼雷发射管×1

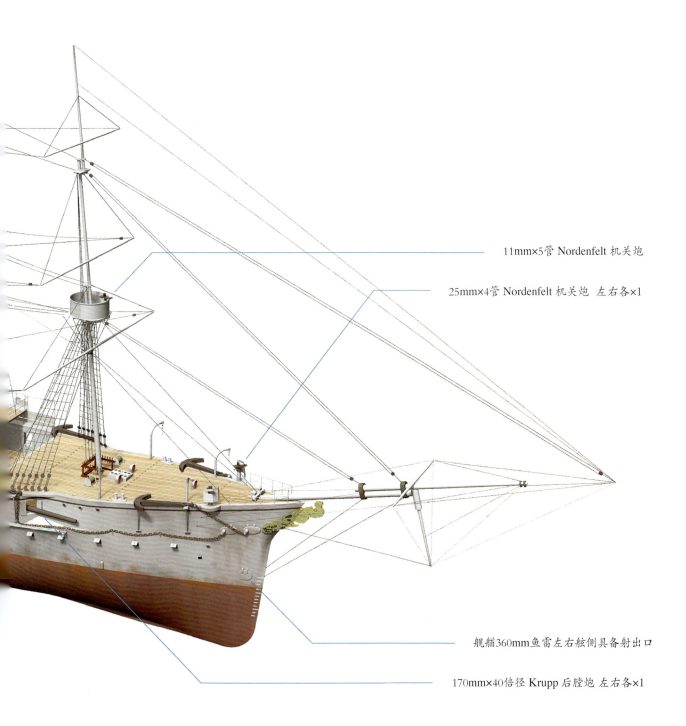

11mm×5管 Nordenfelt 机关炮

25mm×4管 Nordenfelt 机关炮 左右各×1

舰艏360mm鱼雷左右舷侧具备射出口

170mm×40倍径 Krupp 后膛炮 左右各×1

扶桑二等铁甲舰

扶桑二等铁甲舰为英国沙暮达 (Samuda) 造船厂所建造，1875 年开工，1877 年 4 月 14 日下水，于 1878 年 1 月完工。

扶桑铁甲舰原为三桅杆设计，使用机械动力与风帆动力共同推进，在亚洲当时属于第一流的军舰。其火力配置主要集中在船腰身部位，上甲板设置了一处炮房，装甲厚度 200mm，内部架设 240mm 20 倍径克鲁伯主炮 4 门，主甲板两舷各置 1 门 170mm 25 倍径克鲁伯主炮，足见其威力于当时不容小觑。

其间，扶桑铁甲舰亦经多次改装，并于 1891 年进行所谓现代化之改装。甲午海战前因备战亦做了不少改进与性能提升，随后参加了黄海海战一役，虽然遭受到清舰不少攻击并中弹着火，但损坏并不严重，使其依然能从猛烈炮火下安然脱离。

舰长 新井有贯 大佐

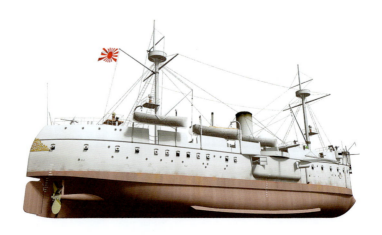

扶桑舰性能参数

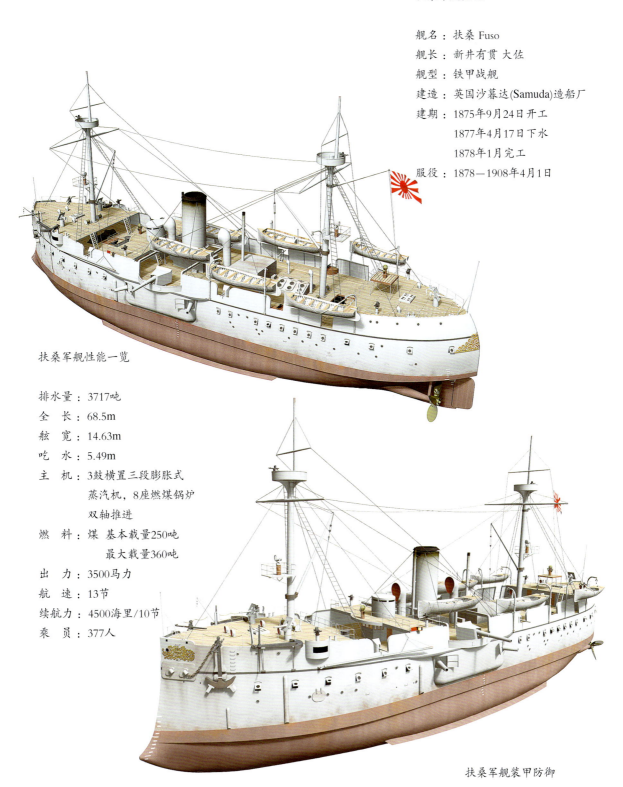

扶桑军舰概述

舰　名：扶桑 Fuso
舰　长：新井有贯 大佐
舰　型：铁甲战舰
建　造：英国沙暮达(Samuda)造船厂
建　期：1875年9月24日开工
　　　　1877年4月17日下水
　　　　1878年1月完工
服　役：1878—1908年4月1日

扶桑军舰性能一览

排水量：3717吨
全　长：68.5m
舷　宽：14.63m
吃　水：5.49m
主　机：3鼓横置三段膨胀式
　　　　蒸汽机，8座燃煤锅炉
　　　　双轴推进
燃　料：煤 基本载量250吨
　　　　　　最大载量360吨
出　力：3500马力
航　速：13节
续航力：4500海里/10节
乘　员：377人

扶桑军舰装甲防御

炮房装甲：200mm
水线装甲：100—231mm

扶桑舰武器配置图

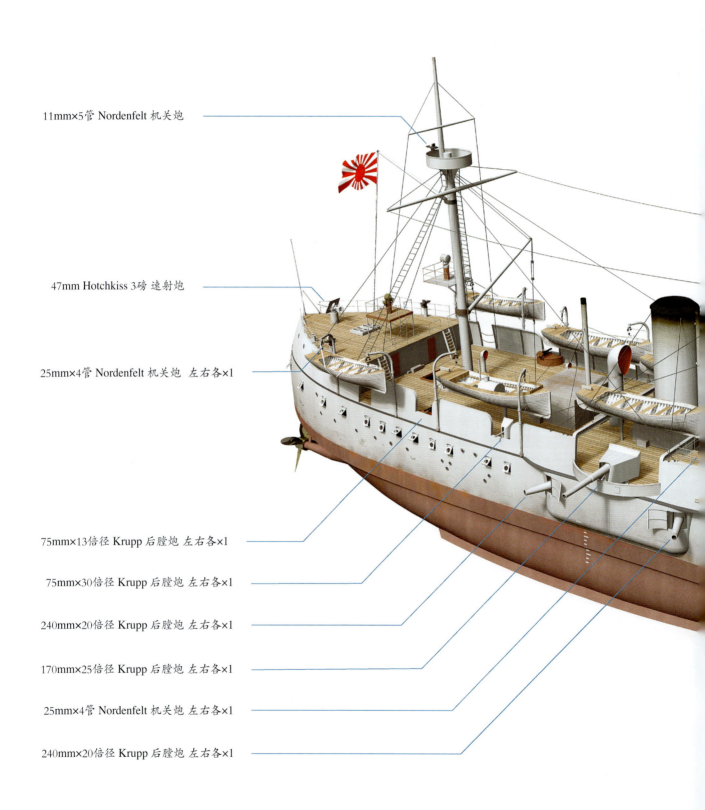

11mm×5管 Nordenfelt 机关炮

47mm Hotchkiss 3磅 速射炮

25mm×4管 Nordenfelt 机关炮 左右各×1

75mm×13倍径 Krupp 后膛炮 左右各×1

75mm×30倍径 Krupp 后膛炮 左右各×1

240mm×20倍径 Krupp 后膛炮 左右各×1

170mm×25倍径 Krupp 后膛炮 左右各×1

25mm×4管 Nordenfelt 机关炮 左右各×1

240mm×20倍径 Krupp 后膛炮 左右各×1

克鲁伯（Krupp）240mm 20倍径后膛炮×4
克鲁伯（Krupp）170mm 25倍径后膛炮×2
克鲁伯（Krupp）75mm 30倍径速射炮×4
克鲁伯（Krupp）75mm 13倍径舢舨炮×2
哈乞开斯（Hotchkiss）47mm 3磅速射炮×1
哈乞开斯（Hotchkiss）47mm 2.5磅速射炮×2
诺典费尔德（Nordenfelt）25mm×4管机关炮×6
诺典费尔德（Nordenfelt）11mm×5管机关炮×2
360mm鱼雷发射管×2

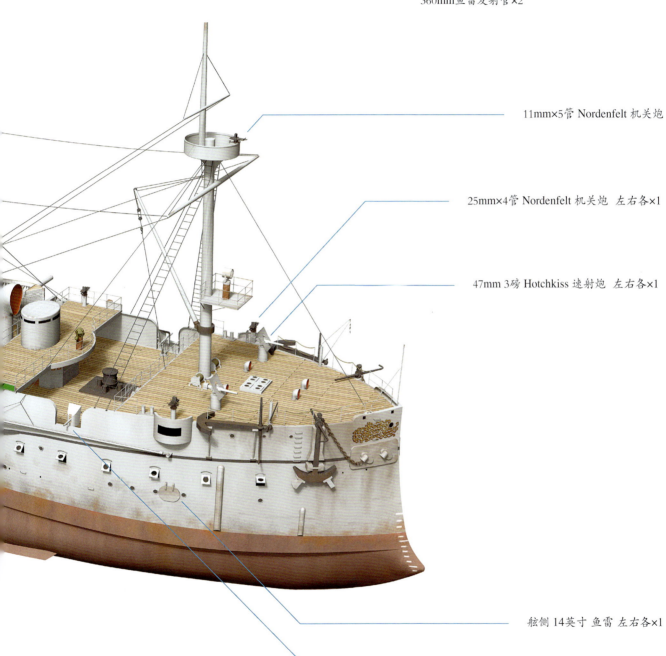

11mm×5管 Nordenfelt 机关炮

25mm×4管 Nordenfelt 机关炮 左右各×1

47mm 3磅 Hotchkiss 速射炮 左右各×1

舷侧 14英寸 鱼雷 左右各×1

75mm×30倍径 Krupp 后膛炮 左右各×1

浪速、高千穗防护巡洋舰

浪速巡洋舰与高千穗巡洋舰两舰属同级舰,由日本向英国阿姆斯特朗(Armstrong)造船厂订购。

这两艘巡洋舰从外形来看,虽然说使用与清舰超勇级颇为形似的设计,然实则是大不相同的舰种。配置相同口径主炮但不同的倍径使其效能高出许多,另其两舷火力的设置与优异的性能使超勇级舰望尘莫及,由日本海军将其编列于第一游击队便可窥见一二。

浪速巡洋舰在丰岛海战中已显现威猛火力,击沉大清租用运兵船高升号。于黄海海战中两舰更是同列于第一游击队,从开战初始清舰率先开火,于猛烈炮击中两舰各有中弹,却丝毫不影响其作战能力,足见其设计之优良。

浪速舰长 东乡平八郎 大佐　　高千穗舰长 野村贞 大佐

84

浪速、高千穗舰性能参数

浪速军舰概述

舰　名：浪速 Naniwa
舰　长：东乡平八郎 大佐
舰　型：巡洋舰
建　造：英国阿姆斯特朗（Armstrong)造船厂
建　期：1884年3月22日开工
　　　　1885年3月18日下水
　　　　1885年12月1日完工
服　役：1886—1912年7月18日，时触礁沉没于
　　　　北海道

高千穗军舰概述

舰　名：高千穗Takachiho
舰　长：野村贞 大佐
舰　型：巡洋舰
建　造：英国阿姆斯特朗（Armstrong)造船厂
建　期：1884年3月22日开工
　　　　1885年5月16日下水
　　　　1886年3月26日完工
服　役：1886—1914年10月17日，时遭鱼雷艇攻击沉没
　　　　于胶州湾

浪速级舰性能一览

排水量：3709吨
全　长：91.4m
舷　宽：14.1m
吃　水：5.6m
主　机：双鼓横置二段膨胀式蒸汽机
　　　　6座燃煤锅炉
　　　　双轴推进
燃　料：煤 基本载量350吨
　　　　　　最大载量800吨
出　力：7604马力
航　速：18节
乘　员：325人

浪速级舰装甲防御

炮　塔：最厚处37mm
舷　侧：76mm
甲　板：51—76mm
司令塔：37mm

浪速、高千穂舰武器配置图

11mm×10管 Gatling 机关炮×2

25mm×4管 Nordenfelt 机关炮　左右各×1

25mm×4管 Nordenfelt 机关炮　左右各×1

260mm×35倍径 Krupp 后膛炮

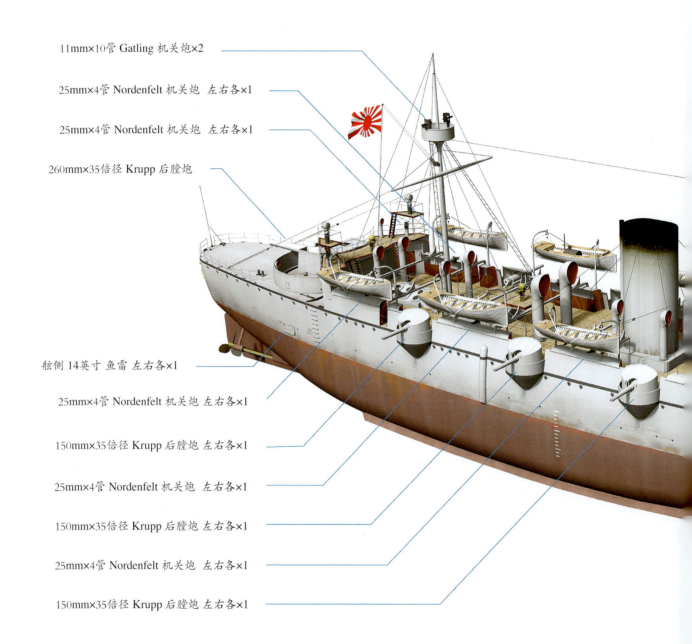

舷侧 14英寸 鱼雷　左右各×1

25mm×4管 Nordenfelt 机关炮　左右各×1

150mm×35倍径 Krupp 后膛炮　左右各×1

25mm×4管 Nordenfelt 机关炮　左右各×1

150mm×35倍径 Krupp 后膛炮　左右各×1

25mm×4管 Nordenfelt 机关炮　左右各×1

150mm×35倍径 Krupp 后膛炮　左右各×1

克鲁伯（Krupp）260mm 35倍径后膛炮×2
克鲁伯（Krupp）150mm 35倍径后膛炮×6
哈乞开斯（Hotchkiss）47mm 3磅速射炮×2
诺典费尔德（Nordenfelt）25mm×4管机关炮×10
加特林（Gatling）11mm×10管机关炮×4
360mm鱼雷发射管×4

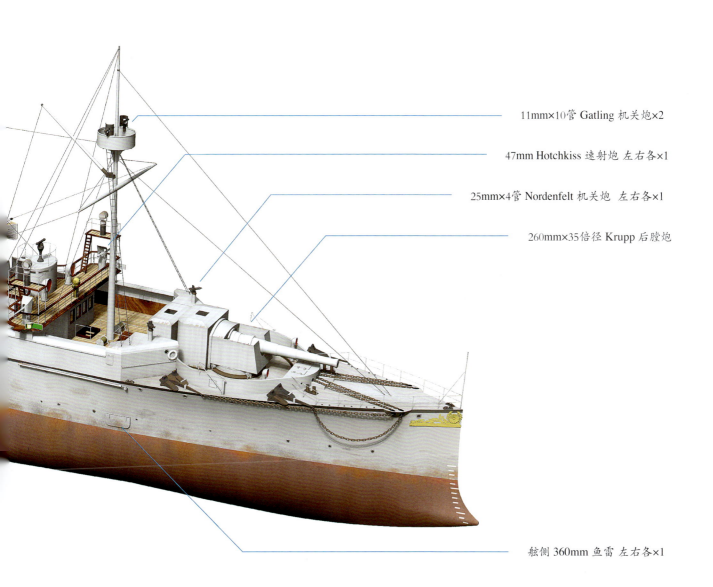

11mm×10管 Gatling 机关炮×2

47mm Hotchkiss 速射炮 左右各×1

25mm×4管 Nordenfelt 机关炮 左右各×1

260mm×35倍径 Krupp 后膛炮

舷侧 360mm 鱼雷 左右各×1

赤城炮舰

　　1889年7月，由日本小野宾海军造船厂完工的赤城炮舰，其同级舰共有四艘，其他三艘为摩耶、鸟海、爱宕。

　　黄海战役中赤城炮舰与观察舰西京丸并行，列队于日本主力舰队之后，其主要任务为护卫观察舰西京丸，然因战事开始后舰队受清舰炮击而加速前行，致使赤城炮舰与观察舰西京丸落后，因而受到清舰猛烈轰击。

　　赤城炮舰在猛烈轰击中严重受创，中弹数十、桅杆断裂，舰上人员伤亡严重，赤城舰长坂元八郎太被击毙。

舰长 坂元八郎太 少佐

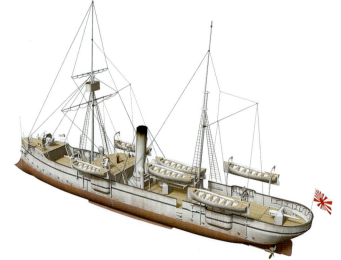

赤城舰性能参数

赤城炮舰概述

舰　名：赤城 Akagi
舰　长：坂元八郎太 少佐
舰　型：炮舰
建　造：日本小野滨海军造船厂
建　期：1886年7月20日开工
　　　　1888年8月7日下水
　　　　1890年8月20日完工
服　役：1890—1911年4月1日

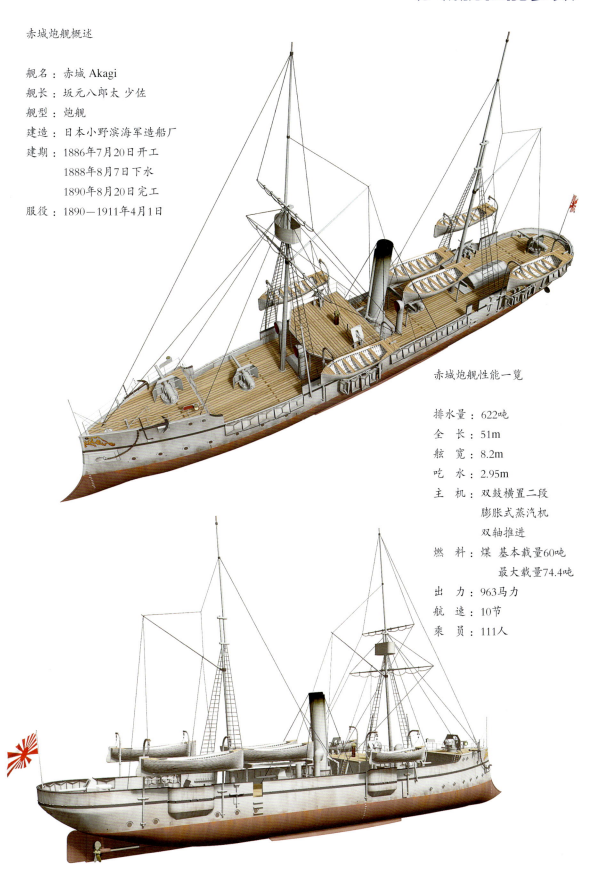

赤城炮舰性能一览

排水量：622吨
全　长：51m
舷　宽：8.2m
吃　水：2.95m
主　机：双鼓横置二段
　　　　膨胀式蒸汽机
　　　　双轴推进
燃　料：煤 基本载量60吨
　　　　最大载量74.4吨
出　力：963马力
航　速：10节
乘　员：111人

赤城舰武器配置图

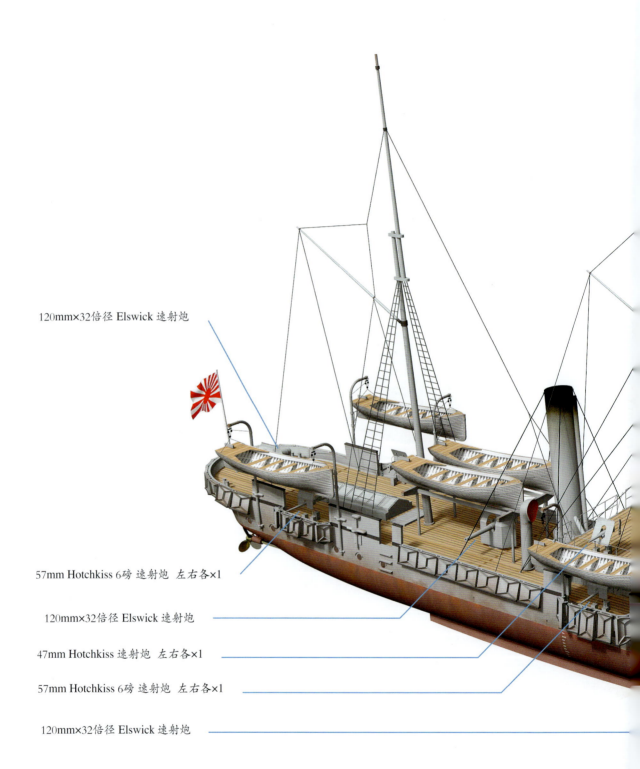

120mm×32倍径 Elswick 速射炮

57mm Hotchkiss 6磅 速射炮 左右各×1

120mm×32倍径 Elswick 速射炮

47mm Hotchkiss 速射炮 左右各×1

57mm Hotchkiss 6磅 速射炮 左右各×1

120mm×32倍径 Elswick 速射炮

Elswick 120mm 32倍径速射炮×4
哈乞开斯（Hotchkiss）57mm 6磅速射炮×4
哈乞开斯（Hotchkiss）47mm 3磅速射炮×2

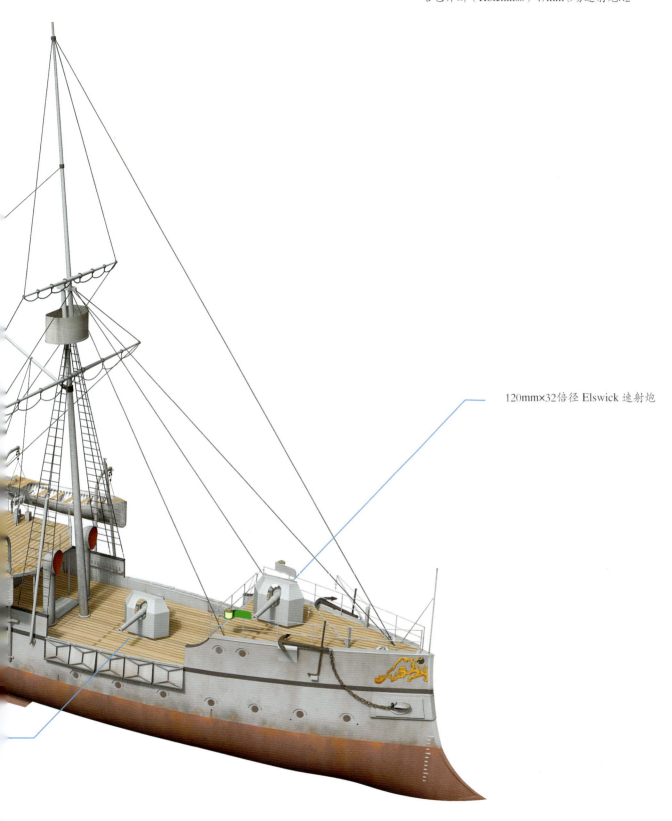

120mm×32倍径 Elswick 速射炮

千代田装甲巡洋舰

　　千代田装甲巡洋舰为日本向英国布朗 (J.Brown) 造船厂所订购。因 1886 年日本向法国订购的"亩傍"巡洋舰于驶返日本途中失踪，于是日本获得了法国的一笔赔款，而后减少向法国购舰的日本便使用这笔款项向英国定购了千代田装甲巡洋舰。

　　千代田巡洋舰于两舷配置火力强大的新式速射炮，左右舷各配置 4 门 120mm40 倍径阿姆斯特朗速射炮，其间再佐以 47mm3 磅 Hotchkiss 速射炮 3 门，其威力定然相当猛烈。于黄海海战中被编列于舰队旗舰松岛之后，战斗中，清舰广丙欲以鱼雷攻击日舰松岛，却受千代田巡洋舰火力压制，无功而返，足见新式速射炮组成排炮的威力对战事的影响。

舰长 内田正敏 大佐

千代田舰性能参数

千代田军舰概述

舰名：千代田 Chiyoda
舰长：内田政敏 大佐
舰型：巡洋舰
建造：英国布朗(J.Brown)造船厂
建期：1888年12月4日开工
　　　1890年6月3日下水
　　　1890年12月完工
服役：1891—1927年2月28日

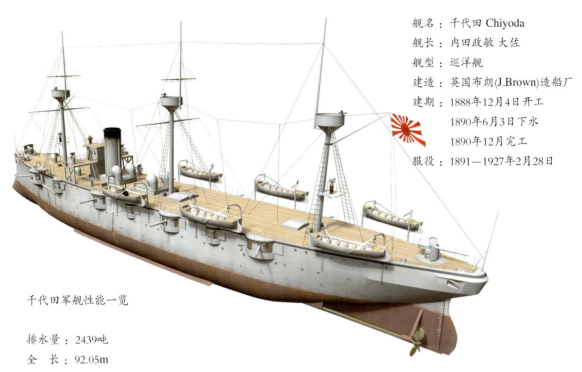

千代田军舰性能一览

排水量：2439吨
全　长：92.05m
舷　宽：12.98m
吃　水：4.27m
主　机：2座立式3汽缸三段膨胀往复式蒸汽机
　　　　6座燃煤锅炉 双轴推进
燃　料：煤 基本载量240吨
　　　　　　最大载量420吨
出　力：5678马力
航　速：19节
乘　员：350人

千代田军舰装甲防御

水线带装甲：82—92mm
甲　　板：25—38mm
司　令　塔：30mm

千代田舰武器配置图

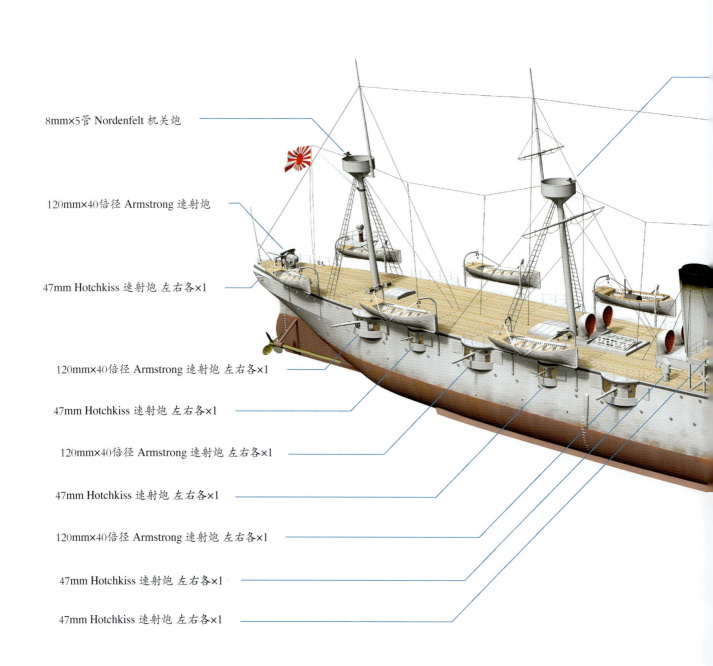

8mm×5管 Nordenfelt 机关炮

120mm×40倍径 Armstrong 速射炮

47mm Hotchkiss 速射炮 左右各×1

120mm×40倍径 Armstrong 速射炮 左右各×1

47mm Hotchkiss 速射炮 左右各×1

120mm×40倍径 Armstrong 速射炮 左右各×1

47mm Hotchkiss 速射炮 左右各×1

120mm×40倍径 Armstrong 速射炮 左右各×1

47mm Hotchkiss 速射炮 左右各×1

47mm Hotchkiss 速射炮 左右各×1

阿姆斯特朗（Armstrong）120mm 40倍径速射炮×10
哈乞开斯（Hotchkiss）47mm 3磅速射炮×14
诺典费尔德（Nordenfelt）8mm×5管机关炮×3
360mm鱼雷发射管×3

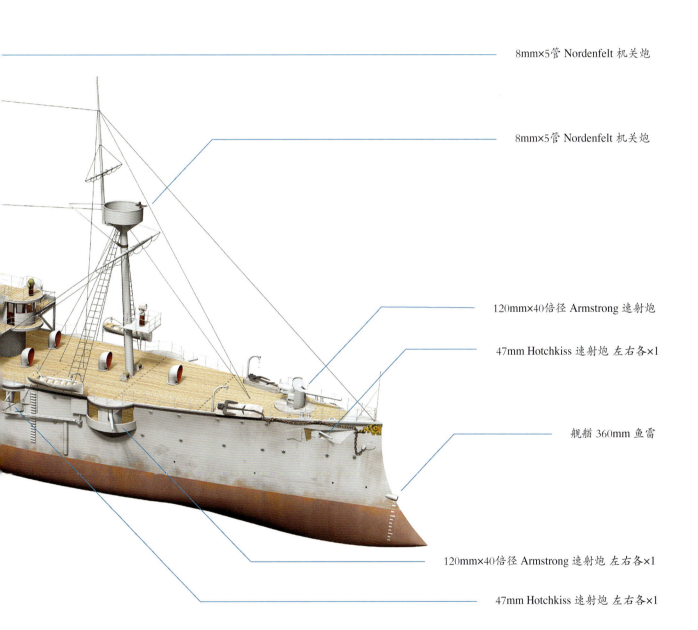

8mm×5管 Nordenfelt 机关炮

8mm×5管 Nordenfelt 机关炮

120mm×40倍径 Armstrong 速射炮

47mm Hotchkiss 速射炮 左右各×1

舰艏 360mm 鱼雷

120mm×40倍径 Armstrong 速射炮 左右各×1

47mm Hotchkiss 速射炮 左右各×1

严岛防护巡洋舰

严岛防护巡洋舰为日本著名三景舰之一（以著名景点命名故称之），严岛为率先动工之首舰。

严岛舰为法国工程师 Louis-Emile Bertin 设计，三景舰中的严岛、松岛舰在法国地中海船厂 Forges et Chantiers La Seyne 建造。

日本购置此级舰，主要为对付北洋舰队之定远、镇远舰，所以采用了大于定远、镇远舰 305mm 口径主炮的法国加纳 Ganet320mm 38 倍径后膛炮，其炮弹足以对付定远、镇远舰 355.6mm 的炮廓铁甲。黄海海战中清舰平远攻击日本旗舰松岛略有所成时，便是受到严岛舰重击，因而炮罩爆炸起火，遗憾退出战场。可见严岛舰火炮之威力。

舰长 横尾道昱 大佐

严岛军舰概述

舰　名：严岛 Itsukushima

舰　长：横尾道昱 大佐

舰　型：巡洋舰

建　造：法国Forges et Chantiers La Seyne造船厂

建　期：1881年1月7日开工
　　　　1889年7月18日下水
　　　　1891年9月3日完工

服　役：1891—1922

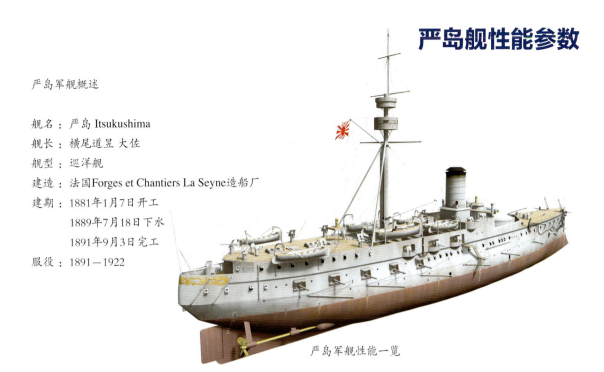

严岛军舰性能一览

排水量：4217吨

全　长：89.9m

舷　宽：15.6m

吃　水：6.05m

主　机：2座横置式3汽缸往复式蒸汽机，6座燃煤锅炉
　　　　双轴推进

燃　料：煤 主要煤舱位于锅炉动力系统两侧，备用煤
　　　　舱位于舰艏装甲甲板上
　　　　基本载量405吨
　　　　最大载量670吨

出　力：5400马力

航　速：16节

续航力：6000海里/10节

乘　员：360人

严岛军舰装甲防御

主机外侧：125mm

炮　塔：300mm

炮塔顶盖：100mm

甲　板：50mm

严岛舰武器配置图

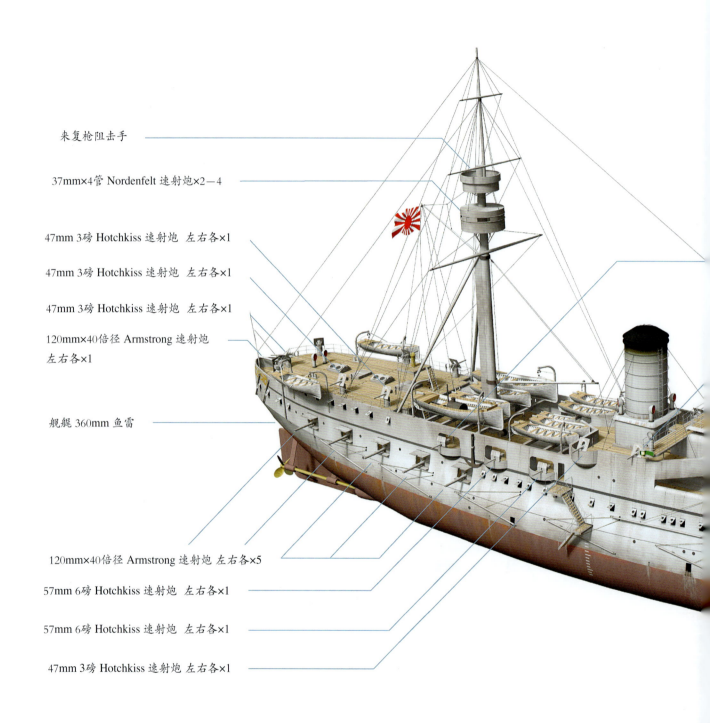

来复枪阻击手

37mm×4管 Nordenfelt 速射炮×2—4

47mm 3磅 Hotchkiss 速射炮 左右各×1

47mm 3磅 Hotchkiss 速射炮 左右各×1

47mm 3磅 Hotchkiss 速射炮 左右各×1

120mm×40倍径 Armstrong 速射炮
左右各×1

舰艉 360mm 鱼雷

120mm×40倍径 Armstrong 速射炮 左右各×5

57mm 6磅 Hotchkiss 速射炮 左右各×1

57mm 6磅 Hotchkiss 速射炮 左右各×1

47mm 3磅 Hotchkiss 速射炮 左右各×1

加纳（Ganet）320mm 38倍径后膛炮×1
阿姆斯特朗（Armstrong）120mm 40倍径速射炮×11
哈乞开斯（Hotchkiss）57mm 6磅速射炮×6
哈乞开斯（Hotchkiss）47mm 3磅速射炮×11
哈乞开斯（Hotchkiss）37mm×5管速射炮×2—4
360mm鱼雷发射管×4

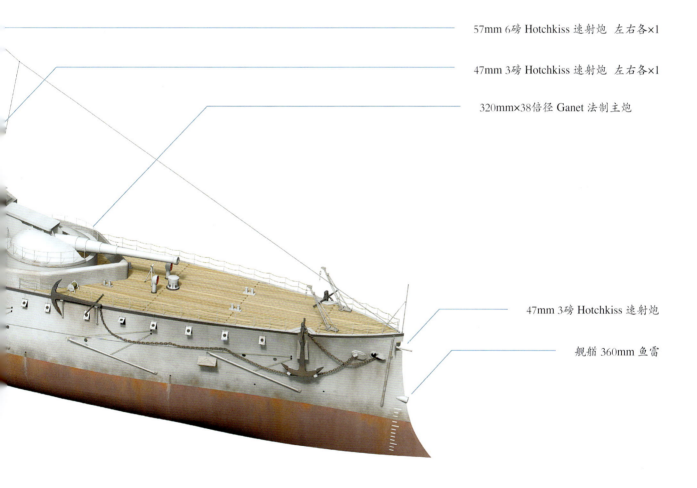

57mm 6磅 Hotchkiss 速射炮　左右各×1

47mm 3磅 Hotchkiss 速射炮　左右各×1

320mm×38倍径 Ganet 法制主炮

47mm 3磅 Hotchkiss 速射炮

舰艏 360mm 鱼雷

松岛防护巡洋舰

　　松岛防护巡洋舰亦为日本著名三景舰之一，与当中的严岛舰同在法国地中海船厂 Forges et Chantiers La Seyne 建造。

　　此级舰原计划共要建造四艘，两艘舰只主炮在前，两艘舰只主炮在后。四艘列阵时两艘主炮在前者并列于前，主炮在后者并列于后。而后因为经费问题所以只建造了三艘，松岛舰的主炮正是设置在舰艉。于黄海海战中任舰队本队旗舰，海战中曾被镇远命中，严重损伤而被迫更换旗舰。由黄海战役来看，此级舰虽然拥有较大威力，然而显见其效果并不如预期。

联合舰队司令官
伊东佑亨 中将

舰长 尾本知道 大佐

松岛舰性能参数

松岛军舰概述

舰　名：松岛 Matsushima
舰　长：尾本知道 大佐
舰　型：巡洋舰
建　造：法国Forges et Chantiers La Seyne造船厂
建　期：1888年2月17日开工
　　　　1890年1月22日下水
　　　　1891年3月完工
服　役：1892—1908年4月30日，时于澎湖马公
　　　　外海弹药库爆炸沉没

松岛军舰性能一览

排水量：4217吨
全　长：89.9m
舷　宽：15.6m
吃　水：6.05m
主　机：2座横置式3汽缸往复式蒸汽机
　　　　6座燃煤锅炉　双轴推进
燃　料：煤 主要煤舱位于锅炉动力系统
　　　　两侧备用煤舱位于舰艏装甲
　　　　甲板上
　　　　基本载量405吨
　　　　最大载量670吨
出　力：5400马力
航　速：16节
续航力：6000海里/10节
乘　员：360人

松岛军舰装甲防御

主机外侧：125mm
炮　塔：围壁300mm
　　　　炮罩100mm
舷　侧：100mm
甲　板：水平部份38—51mm
　　　　倾斜部份75mm

松岛舰武器配置图

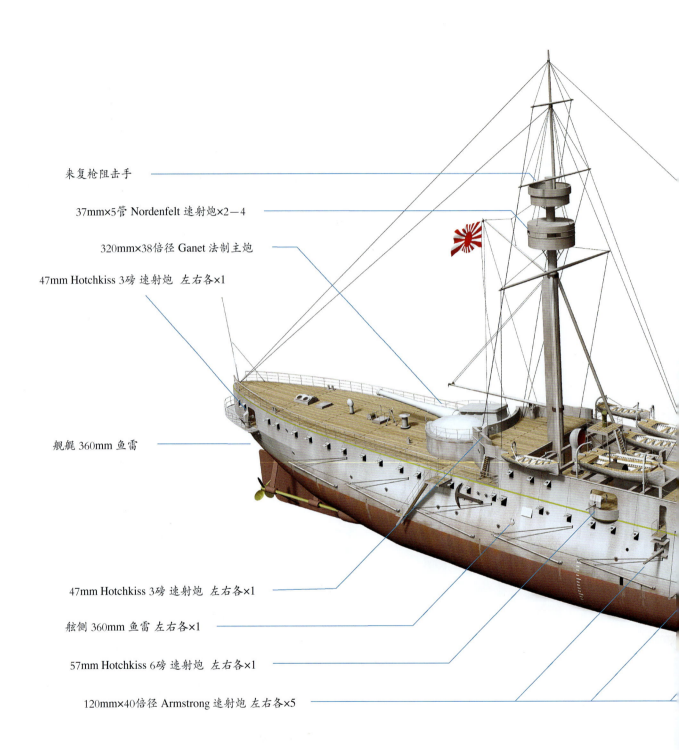

来复枪阻击手

37mm×5管 Nordenfelt 速射炮×2—4

320mm×38倍径 Ganet 法制主炮

47mm Hotchkiss 3磅 速射炮 左右各×1

舰艉 360mm 鱼雷

47mm Hotchkiss 3磅 速射炮 左右各×1

舷侧 360mm 鱼雷 左右各×1

57mm Hotchkiss 6磅 速射炮 左右各×1

120mm×40倍径 Armstrong 速射炮 左右各×5

加纳（Ganet）320mm 38倍径后膛炮×1
阿姆斯特朗（Armstrong）120mm 40倍径速射炮×12
哈乞开斯（Hotchkiss）57mm 6磅速射炮×5
哈乞开斯（Hotchkiss）47mm 3磅速射炮×10
哈乞开斯（Hotchkiss）37mm×5管速射炮×2—4
360mm鱼雷发射管×4

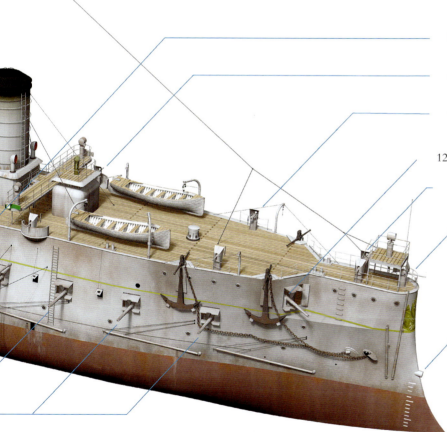

57mm Hotchkiss 6磅 速射炮　左右各×1

47mm Hotchkiss 3磅 速射炮　左右各×1

47mm Hotchkiss 3磅 速射炮　左右各×1

120mm×40倍径 Armstrong 速射炮 左右各×1

47mm Hotchkiss 3磅 速射炮 左右各×1

57mm Hotchkiss 6磅 速射炮

舰艏 360mm 鱼雷

桥立防护巡洋舰

　　桥立防护巡洋舰为日本向法国购置舰船时，获得的造舰技术与经验，而后自行研制的自造舰。于1888年由日本横须贺海军造船厂建造。

　　桥立舰于黄海海战中开炮击中定远舰艏，使得定远起火冒起浓烟，影响定远视线顿失战斗力。然而此级舰主炮过于巨大，射击后产生的后座力使得舰体不断摇晃，需要等到舰体平稳才能再次瞄准射击，使得攻击效能变弱，这应该是其最大弱点。

舰长 日高壮之丞 大佐

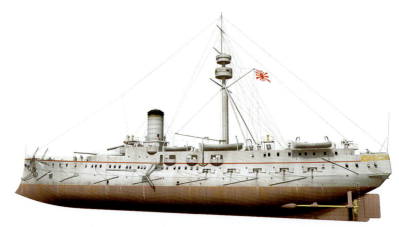

桥立舰性能参数

桥立军舰概述

舰名：桥立 Hashidate
舰长：日高壮之丞 大佐
舰型：巡洋舰
建造：日本横须贺(Yokosuka Navy Yard)造船厂
　　　法国人Louis-EmileBertin设计
建期：1888年8月6日开工
　　　1891年3月24日下水
　　　1894年6月完工
服役：1894—1927

桥立军舰性能一览

排水量：4217吨
全　长：89.9m
舷　宽：15.6m
吃　水：6.4m
主　机：2座横置式3汽缸往复式蒸汽
　　　　机，6座燃煤锅炉　双轴推进
燃　料：煤　主要煤舱位于锅炉动力系
　　　　统两侧，备用煤舱位于舰艏
　　　　装甲甲板上
　　　　基本载量405吨
　　　　最大载量670吨
出　力：5400马力
航　速：16节
续航力：6000海里/10节
乘　员：360人

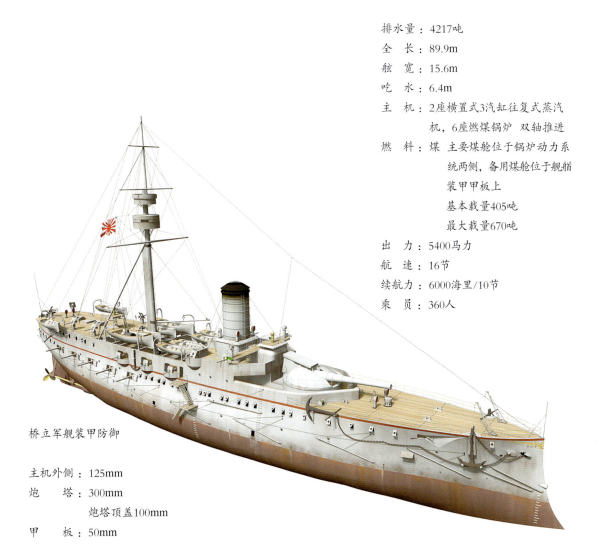

桥立军舰装甲防御

主机外侧：125mm
炮　塔：300mm
　　　　炮塔顶盖100mm
甲　板：50mm

桥立舰武器配置图

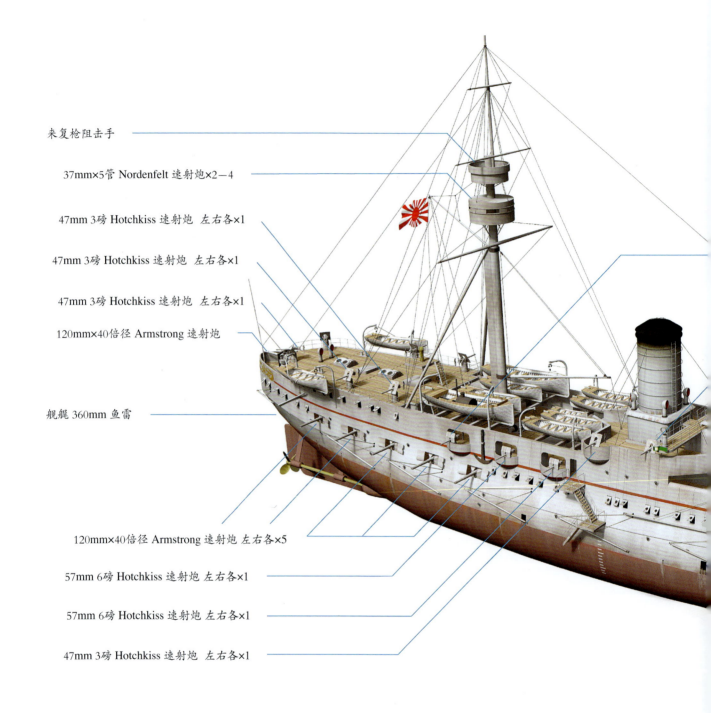

来复枪阻击手

37mm×5管 Nordenfelt 速射炮×2—4

47mm 3磅 Hotchkiss 速射炮 左右各×1

47mm 3磅 Hotchkiss 速射炮 左右各×1

47mm 3磅 Hotchkiss 速射炮 左右各×1

120mm×40倍径 Armstrong 速射炮

舰艏 360mm 鱼雷

120mm×40倍径 Armstrong 速射炮 左右各×5

57mm 6磅 Hotchkiss 速射炮 左右各×1

57mm 6磅 Hotchkiss 速射炮 左右各×1

47mm 3磅 Hotchkiss 速射炮 左右各×1

加纳（Ganet）320mm 38倍径后膛炮×1
阿姆斯特朗（Armstrong）120mm 40倍径速射炮×11
哈乞开斯（Hotchkiss）57mm 6磅速射炮×6
哈乞开斯（Hotchkiss）47mm 3磅速射炮×12
哈乞开斯（Hotchkiss）37mm×5管速射炮×2—4
360mm鱼雷发射管×4

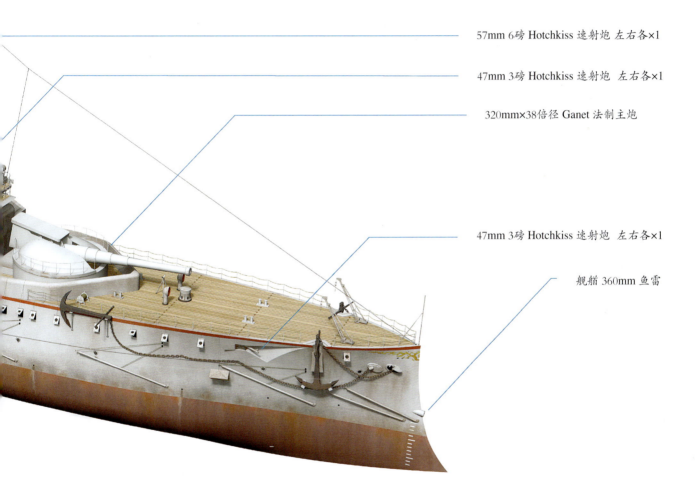

57mm 6磅 Hotchkiss 速射炮 左右各×1

47mm 3磅 Hotchkiss 速射炮 左右各×1

320mm×38倍径 Ganet 法制主炮

47mm 3磅 Hotchkiss 速射炮 左右各×1

舰艇 360mm 鱼雷

吉野防护巡洋舰

    1893年9月建成完工之巡洋舰"吉野"是由英国海军造船处设计，阿姆斯特朗艾尔斯维克工厂（Armstrong Elswick）建造。

    吉野巡洋舰使用最新型蒸汽机，其航速为23节，完工时期为当时世界最快速的舰只。连舰上装配的火炮也是最新式的速射炮以及新式测距仪。

    很自然地吉野就成为日本联合舰队的先锋主力，于丰岛海战、黄海海战都可见到吉野巡洋舰位于第一游击队的先导地位。

第一游击司令 坪井航三   舰长 河原要一 大佐

吉野舰性能参数

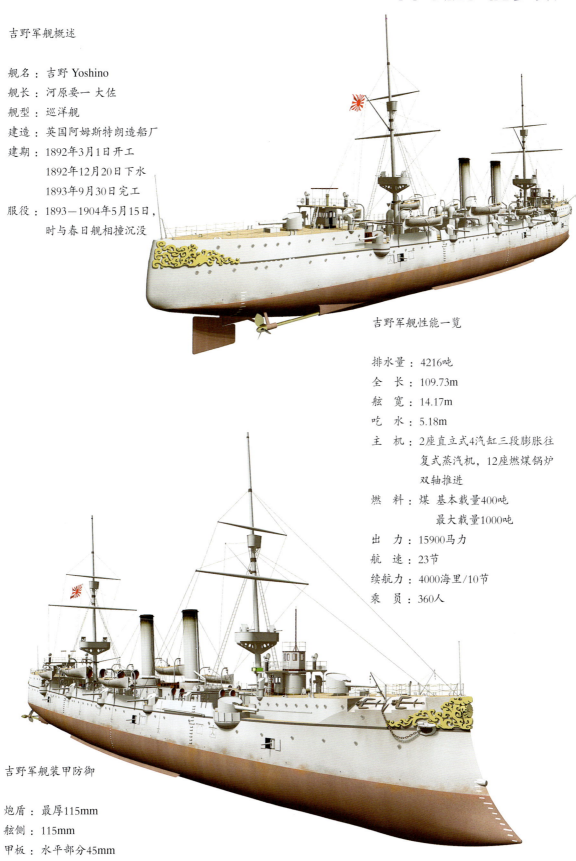

吉野军舰概述

舰　名：吉野 Yoshino
舰　长：河原要一 大佐
舰　型：巡洋舰
建　造：英国阿姆斯特朗造船厂
建　期：1892年3月1日开工
　　　　1892年12月20日下水
　　　　1893年9月30日完工
服　役：1893—1904年5月15日，
　　　　时与春日舰相撞沉没

吉野军舰性能一览

排水量：4216吨
全　长：109.73m
舷　宽：14.17m
吃　水：5.18m
主　机：2座直立式4汽缸三段膨胀往
　　　　复式蒸汽机，12座燃煤锅炉
　　　　双轴推进
燃　料：煤 基本载量400吨
　　　　　　最大载量1000吨
出　力：15900马力
航　速：23节
续航力：4000海里/10节
乘　员：360人

吉野军舰装甲防御

炮盾：最厚115mm
舷侧：115mm
甲板：水平部分45mm
　　　倾斜部分115mm

吉野舰武器配置图

47mm Hotchkiss 速射炮×2

47mm Hotchkiss 速射炮 左右各×1

152mm×40倍径 Armstrong 速射炮

120mm×40倍径 Armstrong 速射炮 左右各×1

47mm Hotchkiss 速射炮 左右各×1

120mm×40倍径 Armstrong 速射炮 左右各×1

360mm 鱼雷 左右各×1

120mm×40倍径 Armstrong 速射炮 左右各×1

360mm 鱼雷 左右各×1

47mm Hotchkiss 速射炮 左右各×1

120mm×40倍径 Armstrong 速射炮 左右各×1

47mm Hotchkiss 速射炮 左右各×1

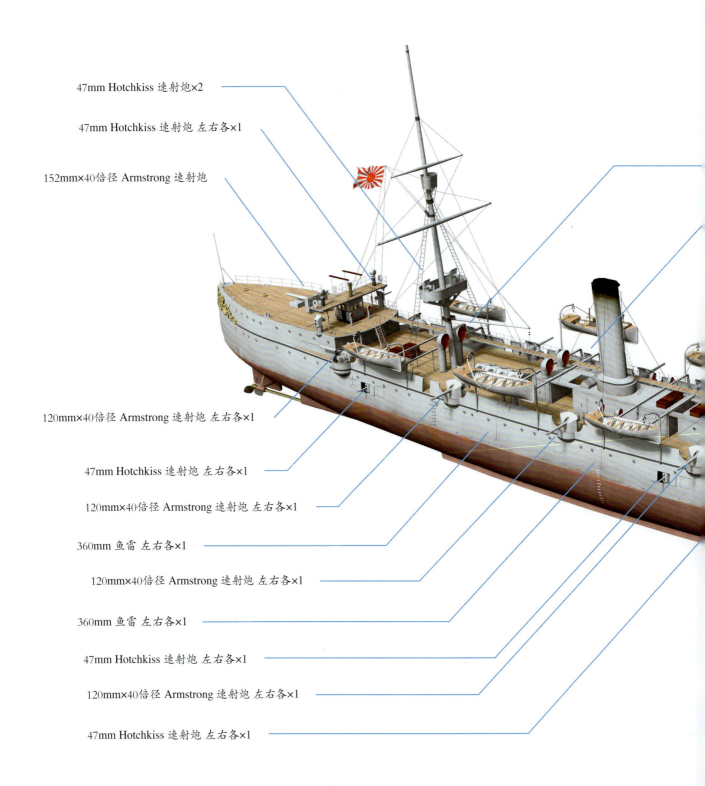

阿姆斯特朗（Armstrong）152mm 40倍径速射炮×4
阿姆斯特朗（Armstrong）120mm 40倍径速射炮 ×8
哈乞开斯（Hotchkiss）47mm 3磅速射炮×22
360mm鱼雷发射管×5

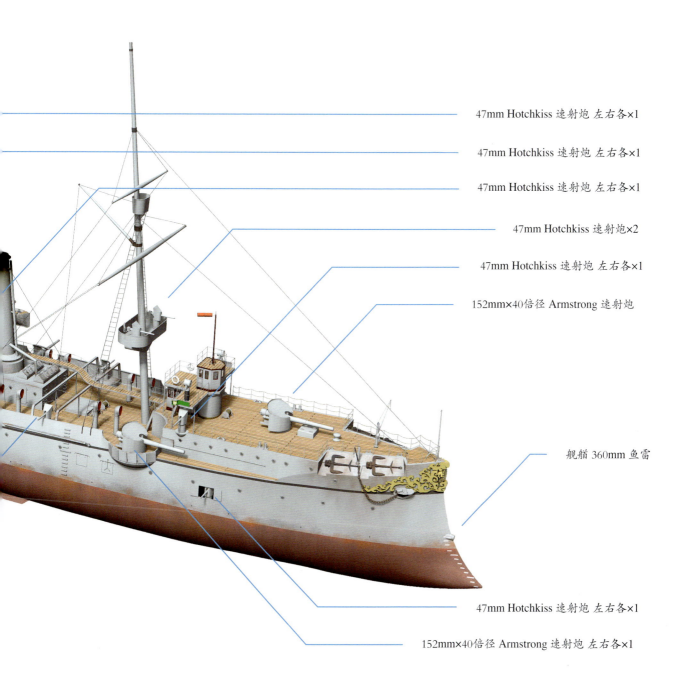

47mm Hotchkiss 速射炮 左右各×1

47mm Hotchkiss 速射炮 左右各×1

47mm Hotchkiss 速射炮 左右各×1

47mm Hotchkiss 速射炮×2

47mm Hotchkiss 速射炮 左右各×1

152mm×40倍径 Armstrong 速射炮

舰艏 360mm 鱼雷

47mm Hotchkiss 速射炮 左右各×1

152mm×40倍径 Armstrong 速射炮 左右各×1

秋津洲防护巡洋舰

　　秋津州巡洋舰也是英国设计，但是由日本横须贺海军造船厂建造。于 1890 年 3 月开工，1894 年 3 月完工。就甲午海战来说，这艘秋津州巡洋舰算是一艘全新的战舰了。

　　秋津州舰同样于两舷装配了新式的速射炮，舷侧排炮火力密集且射速快，其航速也达 19 节。细长舰身、操作灵活、航速快、舷侧火力强，于这里我们看到日本海军于开战前所购置的数艘新舰的几个共性，而且由舷侧排炮的布置也能够明了其对阵战术的应用，也是早早便已经确立的了。

　　秋津州舰于丰岛海战与黄海海战中均被编制于第一游击队，从吉野、高千穗、秋津洲、浪速排列纵阵对战，可以想见北洋海军所面对第一游击队的串联四舰，右舷排炮炮火是多么猛烈。日本联合舰队的胜战当是来自于万全的准备。

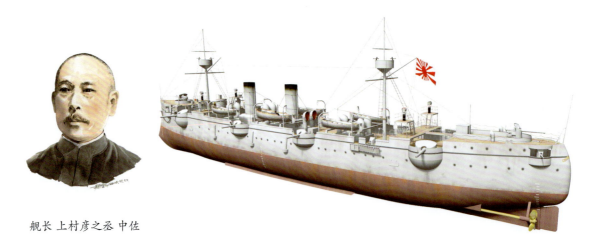

舰长 上村彦之丞 中佐

112

秋津洲舰性能参数

秋津洲军舰概述

舰　名：秋津洲 Akitsushima
舰　长：上村彦之丞 中佐
舰　型：巡洋舰
建　造：日本横须贺造船厂(英国设计)
建　期：1890年3月15日开工
　　　　1892年7月7日下水
　　　　1894年3月31日完工
服　役：1894—1927

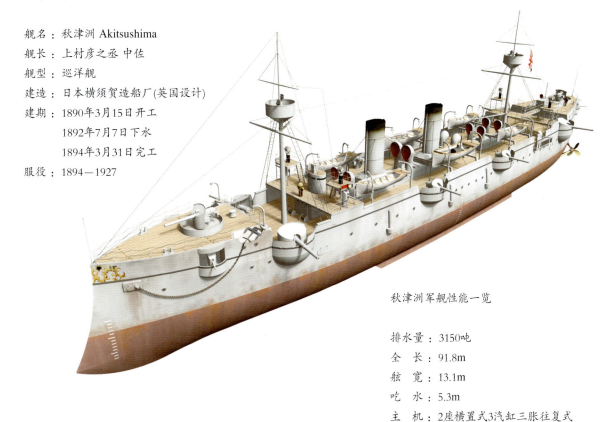

秋津洲军舰性能一览

排水量：3150吨
全　长：91.8m
舷　宽：13.1m
吃　水：5.3m
主　机：2座横置式3汽缸三胀往复式
　　　　蒸汽机，6座燃煤锅炉
　　　　双轴推进
燃　料：煤 基本载量500吨
　　　　　　最大载量800吨
出　力：8400马力
航　速：19节
乘　员：330人

秋津洲军舰装甲防御

司令塔：114mm(最厚处)
炮　盾：114mm(最厚处)
舷　侧：76mm
甲　板：76mm(主甲板)

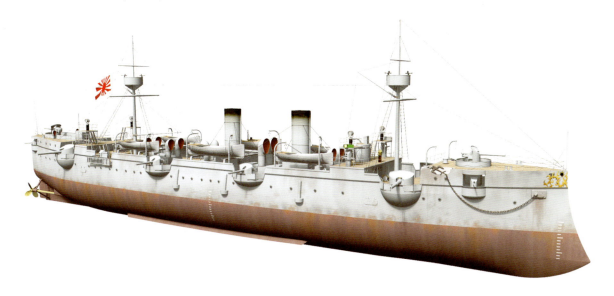

秋津洲舰武器配置图

8mm×5管 Nordenfelt 机关炮

120mm×40倍径 Armstrong 速射炮

47mm Hotchkiss 速射炮 左右各×1

152mm×40倍径 Armstrong 速射炮 左右各×1

舷侧 360mm 鱼雷 左右各×1

47mm Hotchkiss 速射炮 左右各×1

120mm×40倍径 Armstrong 速射炮 左右各×1

120mm×40倍径 Armstrong 速射炮 左右各×1

47mm Hotchkiss 速射炮 左右各×1

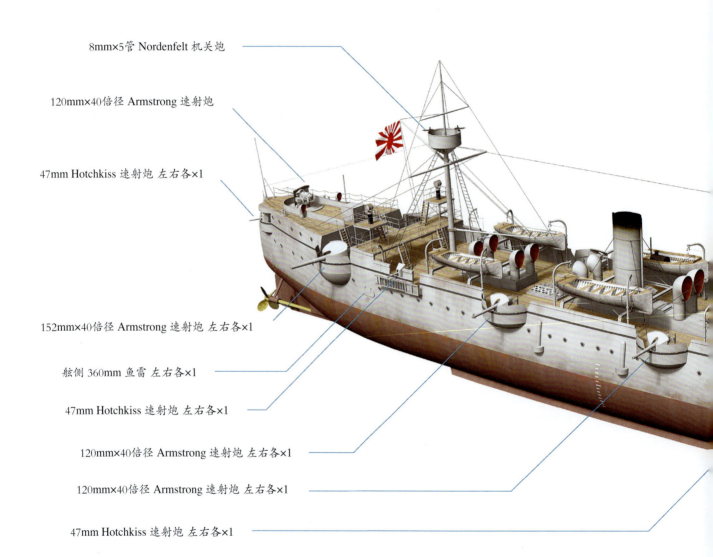

阿姆斯特朗（Armstrong）152mm 40倍径速射炮×4
阿姆斯特朗（Armstrong）120mm 40倍径速射炮×6
哈乞开斯（Hotchkiss）47mm 3磅速射炮×8
诺典费尔德（Nordenfelt）11mm×5管机关炮×4
360mm鱼雷发射管×4

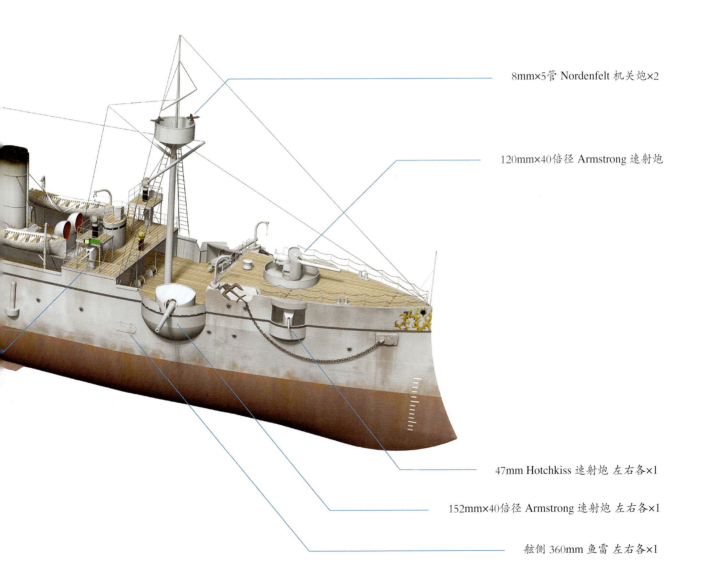

8mm×5管 Nordenfelt 机关炮×2

120mm×40倍径 Armstrong 速射炮

47mm Hotchkiss 速射炮 左右各×1

152mm×40倍径 Armstrong 速射炮 左右各×1

舷侧 360mm 鱼雷 左右各×1

西京丸代用巡洋舰

  随同日本舰队参与观战的代用巡洋舰西京丸 (SeiKyo) 原本为日本邮轮公司商船，后来因为战事需要随行观察舰而受征调，于是将较为舒适的商船征用并于予以改装，在舰上加装火炮作为自身防卫之用。

  坐乘巡洋舰西京丸观战的是日本军令部长桦山资纪，此舰于海战中曾受鱼雷艇攻击，幸而脱身。

海军军令部长 桦山资纪   舰长 鹿野勇之进 少佐

西京丸舰性能参数

西京丸代用舰概述

舰名：西京丸 SeiKyo Maru
舰长：鹿野勇之进 少佐
舰型：代用巡洋舰
建造：英国格拉施哥造船厂(原日本邮船公司商船)
建期：1888年6月完工
服役：1888—1927年
　　　(1894—1895海军征用)

西京丸代用舰性能一览

排水量：2904吨

全　长：99.1m

舷　宽：12.8m

吃　水：8.85m

主　机：2鼓直式二段膨胀式
　　　　蒸汽机 单轴推进

燃　料：煤

出　力：3240马力

航　速：12节

乘　员：341人

丰岛海战

丰岛海战

　　1894年，正是中国历法上的甲午年，朝鲜发生东学党起义事件。朝鲜政府求援于清政府，请求协助平定起事之乱。基于相互协议，清政府决定派兵协助镇压。清廷的决定给介入朝鲜半岛已久的日本一个千载难逢机会，日本即刻大举派兵前往朝鲜，使得局势更为复杂紧张，战事一触即发。

　　不久之后，清政府派遣陆军部队进入朝鲜，另派方伯谦率济远、广乙舰由威海卫护送援兵前往朝鲜牙山，济远、广乙军舰于7月23日抵达牙山。补给完毕后，于7月25日清晨04:00离开牙山。然牙山以南，海上的日本海军联合舰队已等候数天了。

1894年7月23日抵达牙山的清舰济远、广乙。画面近处为济远舰，远处为广乙舰。

7月24日，集结在牙山以南海上的日本海军联合舰队。

下午14:00，离开日本海军联合舰队主力的第一游击队，前为日舰吉野，次为秋津洲、浪速。

7月24日16:00，计划25日与日舰八重山武藏会合的吉野、秋津洲、浪速。

7月25日晨06:00，接获清舰已抵牙山情报的第一游击队吉野、秋津洲、浪速等舰，发现远处海面两处船烟。

　　7月25日，清、日双方舰只于06:00在海上遭遇，第一游击队吉野首先发现远处海面两处船烟，稍后于07:20，清舰济远、广乙两舰发现日舰，日舰吉野亦确认远方来舰为清舰济远、广乙。日舰吉野于07:45首先发炮，清舰济远、广乙随即转向，正面迎向远处急速前来的日本舰队。日本第一游击队旋即左转，排成纵阵以右舷排炮轰击前来的清舰。济远迅即开炮使得日舰相继中弹。此时广乙冲向日本舰队欲发射鱼雷，却受到日舰猛烈炮火轰击，随即中弹起火燃烧。

07:20，清舰济远、广乙两舰发现日舰。前为清舰济远，后为广乙，远处是日本第一游击队。

日舰吉野亦确认远方来舰为清舰济远、广乙。07:45，首先开炮轰击清舰的日舰吉野。

07:45，受到日舰炮击的清舰济远、广乙旋即转向，正面迎向远处急速前来的日本第一游击队应战。

面对转向前来应战的清舰，日本第一游击队旋即左转成纵阵，以右舷排炮轰击前来的清舰。对战数分钟后清舰
济远指挥塔中弹。

济远中弹数分钟后即转向西北行进，远处日本第一游击队吉野舰仍然紧追济远不放。

07:52，广乙冲向日本舰队欲发射鱼雷，却受到日舰猛烈炮火轰击。随即中弹起火燃烧，随着距离越来越近，广乙受到的轰击也越来越猛烈。

日本第一游击队吉野、秋津洲、浪速三舰之新式速射炮火力全开，阻止广乙发射鱼雷，此时火炮数少、射速慢的清舰渐渐被日本第一游击队三舰之强大火力压制住。

清、日双方对战数分钟后，于07:52日舰击中清舰济远指挥塔，弹片穿透指挥塔装甲，大副沈寿昌头部被炮弹破片削去大半当场殉职，接着舰艏主炮也在激烈战斗中连中数弹，在炮塔内的二副以及数名官兵死伤。济远随即转向西北行进。

随着双方距离越来越近，炮火也越来越猛烈，日舰浪速、秋津洲以右舷排炮密集炮轰欲前来进行鱼雷攻击的清舰广乙。广乙发射的炮弹虽然击中日舰浪速，但广乙中弹比日舰更多。随后一枚炮弹击中广乙舰桥，其机件亦遭严重损坏，这一切使得广乙船速骤降，并且船上多处起火燃烧，实在无法再进行鱼雷攻击。深受重创的清舰广乙于是转向海岸浅滩方向退出战斗。

受创的广乙退出战场，舰上中弹多处引发大火，官兵死伤多人。随后于十八家岛浅滩处搁浅。管带林国祥下令弃船，兵员分乘数艘小艇离舰，并破坏轮机设备，引火焚烧广乙舰。

07:52，日舰浪速、秋津洲以右舷排炮密集炮轰前来攻击的清舰广乙。

广乙虽然击中日舰浪速，但广乙中弹更多。随后一枚炮弹击中舰桥，广乙机件损坏船速骤降并且多处起火无法再行攻击。深受重创的广乙于是转向海岸浅滩方向撤退。

受创的广乙退出战场，舰上中弹多处引发大火，官兵死伤多人。随后于十八家岛浅滩处搁浅，管带林国祥下令弃船，并破坏轮机设备，引火焚舰。

08:10，济远因舰艇 210mm 主炮受损无法再进行射击，只好使用舰艇 150mm 尾炮以退为进的方式向西航行，并对追击的日舰吉野等舰开炮。

日舰吉野挟其船速较快、火炮更猛之优势仍然对济远穷追不舍。

08:30，济远与日舰缠斗时，恰巧操江、高升两船驶来。前为清舰操江，后面远处为租用英籍运兵船高升号。

战斗中的济远被追击无法护航，仅能以旗语通知两船尽快调头返港。

日舰兵分两路，吉野继续追济远，浪速、秋津洲拦截高升、操江两舰。

09:15，日舰浪速派小艇载人登上清军租用的英籍运兵船高升号，展开命降交涉。高升船长告诉日军招降官员其为英轮，且清、日双方并未宣战。清军亦拒绝投降。交涉未果后，于13:15日舰浪速升起红旗准备攻击。

另一方面，一面西行一面应战的济远使用尾炮击中日舰吉野。

08:10，清舰济远因舰艏210mm主炮受损无法再进行射击，只好使用舰艉150mm尾炮以退为进的方式向西航行并对穷追不舍的日舰吉野等舰开炮。但是日舰吉野挟其船速较快、火炮更猛之优势仍然对清舰济远穷追不舍。08:30清舰济远与日舰追逐时，适逢清舰操江、高升两船驶来。战斗中的济远无法护航两舰仅能以旗语通知两舰速调头。

　　西行的济远尾炮数度击中日舰吉野，受创的日舰吉野随即冒起浓烟，并立即转舵放弃追击，此时济远则继续西行驶往威海。

12:38，日舰吉野受创，随即冒起浓烟，于是立即转舵，放弃追击，此时济远则继续西行驶往威海。

143

13:15，高悬红旗的日舰浪速右舷排炮及转向右舷的舴艋炮齐射毫无武装的高升号。

144

13:15，日舰浪速先发射鱼雷，但未击中高升号。

  追击济远的日本第一游击队，恰巧遇到载运兵员的清军租用英籍运兵轮高升与护卫炮舰操江，于是日舰兵分两路，吉野继续追击济远，日舰浪速、秋津洲则拦截英籍运兵船高升、护卫舰操江两舰。

  09:15，日舰浪速派遣小艇载人登上高升号，展开命降交涉。高升船长告诉日军招降官员其为英籍轮船，况且清、日双方并未宣战，另外高升号所载清军亦拒绝投降。交涉未果后，日舰浪速升起红旗准备攻击。13:15，日舰浪速先行发射鱼雷但并未击中高升号。

13:15，日舰浪速舷炮齐射高升号，高升号中弹起火，船上士兵纷纷投海。

当时的鱼雷属于新式武器，虽然倍受喜爱并广泛装备使用，然其性能并不佳，效果亦不可靠。显然日舰浪速所发射鱼雷经由高升号船底通过并未击中。

13:15，日舰浪速发射鱼雷未击中后，改以舷炮及转向右舷的船舭炮近距离齐射毫无武装之高升号。13:45，高升号沉没，日舰浪速于高升号沉没时仅救起高升号英籍船长及少数船员，对其他人员并未施予人道救援，此行为引发国际激烈批评。14:00，操江被掳。

黄海海战

黄海海战

　　1894 年 9 月 16 日凌晨，丁汝昌奉命率领北洋舰队护送陆军前往鸭绿江口的大东沟登陆。

　　北洋舰队舰只分成两列纵队，护送航行其中的运兵船。运兵船队由招商局轮船新裕轮、图南轮、镇东轮、利远轮、海定轮组成。

　　到达后，北洋舰队舰只便停泊于大东沟外海，以两纵队排列。纵队以定远、镇远为首，列队的有经远、致远、来远、靖远、广甲、济远、超勇、扬威。这是清朝的主力舰队，即将面临势必爆发的战争，并接受严苛且猛烈的世纪大考验。海面上微风徐徐，轻抚着刚强坚毅的铁甲舰。

1894 年 9 月 17 日 07:00，停泊大东沟外的大清北洋舰队，以两纵队排列。近处纵队首为镇远，依次为来远、靖远、超勇、扬威。远方纵队首为定远，依次为经远、致远、广甲、济远，舰队准备起锚出航迎战。这是清朝的主要参战舰船。

1894年9月17日，这一日风和日丽、晴空万里，日本舰队缓缓地向大东沟推进。其舰队主要由一支游击队与主力本队再加上一艘观察舰与其护卫炮舰所组成。前方四舰为第一游击队，依次为吉野、高千穗、秋津洲、浪速。其后为主力舰队，次序为松岛、千代田、严岛、桥立、比叡、扶桑。最后则为赤城炮舰与观察舰西京九。此为日本主要的参战舰船。

　　清、日双方此时已经宣战，这支日本舰队的意图自然无庸置疑！既有欧洲强权为其后盾，又有这么一支崭新的、性能优异的舰队，加上训练有素的兵员，拥有着新战略、新思维，倾举国上下多年之心血，其凭借的决非是侥幸或期待，而是有着极为明确的决心与肯定！伴随着海风向着自己的意图前进。

1894年9月17日08:00，向大东沟推进的日本舰队。前方四舰为第一游击队，依次为吉野、高千穗、秋津洲、浪速等舰。其后为主力舰队，次序为松岛、千代田、严岛、桥立、比叡、扶桑等。最后则为赤城炮舰与观察舰西京九。此为日本主要的参战舰船。

12:00，清舰镇远前桅哨兵发现远处日本舰队船烟，北洋舰队以双纵队由定远、镇远为首，出海迎战。

随后北洋舰队提督丁汝昌下令采用"大雁飞扬"的横队阵势迎敌，右翼为镇远、来远、靖远、超勇、扬威。左翼为定远、经远、致远、广甲、济远。

12:20，展开大雁横阵队形应敌的北洋主力舰队。如此排列成大雁的横阵队形得以形成巨大火网向前推进。

12:20，横阵应敌的北洋舰队右翼，画面前方为扬威，次为超勇、靖远、来远、镇远。随着时间的流逝两国舰队越来越接近。

日本舰队于阵前转向，使用纵阵对战。远处为日本舰队第一游击队，依次为吉野、高千穗、秋津洲、浪速。12:50左右，双方相距6000米时，定远率先开炮射击日舰。

12:50，日本舰队于阵前转向，当吉野横行于定远舰前方6000米时，定远右炮首先射击日舰。

1894 年 9 月 17 日，正午 12：00 左右，清舰镇远前桅杆上的观察哨兵发现前来的日本舰队，北洋舰队立即起锚并以双纵队由定远、镇远为首，出海迎战。

12:20，提督丁汝昌下令采横队阵势迎敌，右翼为镇远、来远、靖远、超勇、扬威。左翼为定远、经远、致远、广甲、济远。横阵之所以排成大雁阵形而不以一字列阵，是因为相邻舰只的前后差距正好可以让邻舰的主炮与耳炮（舷炮）得以向侧面射击，使火炮至少可以获得 90 度以上的射角。如此排列成大雁的横阵队形，得以形成巨大火网。

日本舰队于阵前转向，使用纵阵对战。率先领阵的为日本舰队第一游击队，依次为吉野、高千穗、秋津洲、浪速舰。12:50 左右，双方相距 6000 米时定远率先开炮射击日舰。接着，镇远与其他各舰也相继展开猛烈轰击。这时日本舰队第一游击队吉野、秋津洲、高千穗、浪速等舰相继中弹。但是因为清舰火炮射速较慢，火药略差，对日舰并未造成足以影响船舰的损害。日舰吉野此时加速航行。12:55 左右，吉野在距离北洋舰队 3000 米时开始还击，随之日舰秋津洲、高千穗、浪速等舰也相继开炮。

这是历史上第一次此等大阵仗的铁甲舰对阵海战，亦是横阵与纵阵的第一次大对战，也是对清、日十数年来整军备战的大考验。相对于日本舰队船舰与装备，清舰实已略显老态。在世界船舰与火炮技术推陈出新的重要时刻，却是清朝舰队建设停滞不前的时候。购置新舰经费与旧舰改进议题一直被朝廷延宕搁置，相较日本举国上下一心，全力扩展海军，实在是不可比拟。

身为亚洲第一海上铁甲舰队的北洋海军，此时仅能凭借平时严谨的训练与官兵无比的勇气和卫国的决心来与这支日本新锐舰队相抗衡。在相互支持、轮序射击的战法下，稍微弥补了火炮射速上的不足。

接着其他各舰也相继展开猛烈轰击，此为舰队左翼，依次为定远、经远、致远、广甲、济远等舰。

此时日本舰队第一游击队吉野、高千穗、秋津洲、浪速相继中弹，但可惜未造成重大损害。

日本第一游击队掠过北洋舰队阵前之后，随之而来的便是日本舰队本队。12:55 左右，日本旗舰松岛在距离北洋舰队阵前 3500 来时亦开炮射击，松岛所使用主炮是远比北洋舰队的定远、镇远 305mm 主炮更大口径的 320mm 巨炮，用以压制定远、镇远。

当时的世界造舰风气对于使用巨炮有着相当程度的迷思。其原设计计划是以制造四舰结合协同作战，两舰在前、两舰在后，置于前方的舰只主炮设计在前方，置于后方的舰只主炮设计在后方。其后因为经费问题仅仅建造了三艘，因此见松岛舰仅有主炮置于后方，严岛、桥立舰仅有主炮置于前方。

日舰松岛开炮后，其余各舰也相继对横向前来的北洋舰队开炮。北洋舰队亦不示弱，持续轰击，刹那间火光四射，烟雾迷漫于碧海青天间。

12:55左右，日本旗舰松岛在双方距离3500米时开炮射击，这是远比北洋舰队的定远、镇远305mm主炮更大口径的320mm巨炮，用来压制定远、镇远。

12:55左右，日舰松岛主炮被定远150mm舰艏炮击中。跟随于日舰松岛后面的是日舰千代田。

13:00左右，定远305mm主炮命中日舰松岛第七炮位。

双方激烈交战，在 12:55 左右，日舰松岛主炮被定远 150mm 舰艏炮击中；随后于 13:00，清舰定远 305mm 主炮又命中了日舰松岛第七炮位。清舰定远、镇远虽然已显老旧，但是在关键时刻依然能够显现其刚强坚固的德系造舰水平。

这时加速行进的日本第一游击队吉野、高千穗、秋津洲、浪速等舰，在指挥官坪井航三少将的带领下，迅速航行到北洋舰队之右翼进行包抄。此刻超勇、扬威立即右转舵准备对付第一游击队。13:04，距离 3000 米时，日第一游击队密集炮弹射向清舰，超勇、扬威接连中弹并展开还击。13:08 清舰超勇、扬威击中日舰吉野，引爆了吉野甲板上的露天弹药，造成 2 死 9 伤，并且漫起了浓烟。

13:04，距离3000米时，日第一游击队弹雨射向清舰超勇、扬威。超勇、扬威接连中弹并展开还击。

13:08，清舰超勇、扬威击中日舰吉野，引爆了吉野甲板上的露天弹药，造成2死9伤，并且漫起了浓烟。

与此同时，日舰高千穗右舷水线处被击中，也造成2员受伤，日舰浪速水线处亦被击中，海水涌入，另外秋津洲亦中弹，造成5死9伤。

日舰高千穗右舷水线处被击中，也造成2员受伤，日舰浪速水线处亦被击中、海水涌入，另外秋津洲亦中弹，造成5死9伤。清舰超勇、扬威虽然老旧，然而官兵们扎实的训练亦使其发挥不小的战力。可惜因为弹药威力不够猛烈，致使虽能命中日舰但是却未能对其造成影响运作的损害。

　　日本第一游击队四舰中有极为新锐之军舰吉野与秋津洲，船行速度快、火炮威力猛且多为反应快速的速射炮。即使舰龄稍旧的高千穗、浪速，其航速亦高于清舰超勇、扬威。第一游击队四舰共有数十门速射炮，而清舰超勇、扬威仅有4门260mm炮与8门120mm副炮，是最早采购，船行速度慢、火炮射速慢。速射炮的射速是传统炮的三倍以上。另外超勇、扬威是外包铁皮的木架构舰艇，相较之下其基本的性能、火力自然不是日舰的对手了。

13:20，日第一游击队四舰以快速的速射炮密集而猛烈地射向受创累累的超勇、扬威。

13:20，日本第一游击队的炮弹射入超勇舱内引发大火，同时扬威在日舰猛烈炮轰下，也中弹燃起大火。

超勇被日舰速射炮猛烈轰击中弹甚多，超勇渐渐右倾。

14:30，清舰超勇沉没，清舰左一、广丙驰援，超勇管带黄建勋落海拒援。

14:30左右，冒着浓烟的扬威终至艇舰炮受损无法使用，于是选择离开战场，倾斜着船身缓慢驶向大鹿岛浅水区。

13:20，日本第一游击队炮弹射入受创累累的清舰超勇舱内引发大火，同时清舰扬威在日舰猛烈炮轰下一样中弹起火。清舰超勇被日舰速射炮猛烈攻击中弹甚多，浓烟四散。此时日舰更猛烈围攻超勇，超勇渐渐右倾。14:30，清舰超勇沉没，左一、广丙驰援，管带黄建勋落海拒援。随后冒着浓烟的扬威终至艉舭炮受损无法使用，于是选择离开战场，倾斜着船身缓慢驶向大鹿岛浅水区。

　　在清舰超勇、扬威遭受日本第一游击队四舰猛烈攻击的同时，日本旗舰为避开清舰攻击亦加速航向北洋舰队右侧。由于队尾四舰航速较低于是形成两段，队尾日舰比叡、扶桑、赤城、西京丸四舰，受到清舰定远、镇远、经远、来远的猛烈攻击。

13:10左右，日舰比叡与本队距离越来越远，情急之下，比叡猛然右转从清舰定远与经远之间强行通过。比叡在距离定远左舷一千米处穿越，瞬遭定远、经远猛烈炮轰，比叡顿时弹痕累累，并遭定远305mm巨炮击中其左舷。

比叡急奔，想尽快穿越定远、经远包夹后转向东北与主队会合，但镇远、来远、靖远紧追不放。

13:10 左右，日舰比叡与本队距离越来越远，情急之下，比叡猛然右转从定远与经远之间强行通过。比叡在距离清舰定远左舷一千米处穿越，瞬遭定远、经远猛烈炮轰，比叡顿时弹痕累累，并遭定远 305mm 巨炮击中其左舷。比叡一面还击一面急速奔逃，欲穿越北洋舰队横阵转向东北与日本舰队主队会合。岂料又遭镇远、来远、靖远紧咬追击，激战中，一发 305mm 炮又击中比叡，随后爆炸引起大火、死伤惨重，但是幸运的比叡竟能奇迹般地拖着浓烟烈焰逃出重围。此时紧跟在比叡之后的扶桑仅仅距离定远 700 米，在形势危急之下立即左满舵企图脱离，但是仍然遭清舰击中右舷。扶桑虽为铁甲舰，火力、防护力较强，但仍中弹起火，于是向西南方迅速撤离。

经远欲俘掳日舰比叡，比叡使用舷炮向经远猛击而脱逃成功。受到数舰猛击的比叡最后居然奇迹般地拖着浓烟烈焰逃出重围。

13:10，此时紧跟在比叡之后的扶桑距离定远仅700米，立即左满舵回避，但是仍被击中，右舷起火，于是向西南方撤离。

赤城与西京丸速度更慢，远远落后。北洋舰队左翼经远、致远、广甲、济远各舰距赤城不到一千米时开始发起猛攻。13:00，定远150mm尾炮击中赤城舰桥，舰长板元八郎太少佐阵亡。13:10左右，经远再攻赤城，赤城弹药库爆炸主桅杆被击断。接着又连中数弹，轮机舱爆炸蒸气四溢，船速剧降，于是向南逃脱。

14:10左右，来远在赤城后方一炮将其代理舰长、航海长佐藤铁太郎炸伤。14:30，赤城尾炮亦击中来远后甲板，来远起火。广甲、致远前往救援，于是三舰暂时停止追击，赤城趁机逃脱追击，侥幸返回本队。

14:34，平远、广丙冲向日本舰队本队，齐攻日本旗舰松岛。远方日舰本队左起依次为松岛、千代田、严岛、桥立、比叡、扶桑。

广丙冒着弹雨持续攻向松岛。

日舰赤城与观察舰西京丸行船速度更慢，远远落在主队的左后方。此时北洋舰队左翼来远、致远、广甲、济远各舰距赤城已不到一千米，开始猛攻赤城。13:10 左右，定远 150mm 尾炮击中日舰赤城舰桥，舰长坂元八郎太少佐阵亡。清舰来远连续攻击日舰赤城，致使赤城弹药库爆炸，主桅杆被击断，接着赤城又连中数弹致轮机舱爆炸蒸气四溢，船速急剧下降，舰上人员一边抢救一边向南脱离。14:10，清舰来远在赤城后方一炮将其代理舰长、航海长佐藤铁太郎炸伤。14:30，赤城尾炮亦击中来远后甲板，来远起火。广甲、致远前往救援，于是三舰停止追击赤城，日舰赤城趁机逃脱追击，侥幸得以返回本队。

　　14:34 左右，当日本舰队本队旗舰松岛受到清舰平远、广丙等舰齐射时，此时其他日舰也拼命回击平远、广丙等舰。当清舰广丙冒着弹雨，欲向松岛发射鱼雷时，尾随松岛之后的日舰千代田即刻向急驶而来的清舰广丙、平远实施猛烈炮击。

千代田及其他日舰拼命轰击前来攻击的清舰平远、广丙。

由于受到千代田及其他日舰轰击，前来攻击的广丙欲图向日舰发射鱼雷，但攻击未果。

14:34，当与清舰平远距离近 2200 米时，日本舰队旗舰松岛主炮朝向左舷，与左舷各炮密集向前来进攻的平远轰击。与此同时，急速而来的平远亦猛烈发炮攻击松岛，平远主炮的一枚 260mm 炮弹击中松岛左舷中部甲板，穿过鱼雷舱在松岛 320mm 主炮下爆炸，击毁了松岛主炮旋转机构。

在持续交火中，于 15:20 左右，平远又接连击中严岛。严岛被平远击中两炮发生大火，十余名官兵丧生。其后松岛发炮还击，命中了平远的主炮塔并且燃起了大火。

至此，平远多处中弹着火，于 16:16 退出战斗，驶向大鹿岛浅水区以避日舰追击。

距离近2200米，日本舰队旗舰松岛舷炮密集向前来进攻的平远轰击。

14:34，平远一枚260mm炮弹击穿松岛左舷，穿过鱼雷舱，在松岛320mm主炮下爆炸。

15:20，日舰严岛发现平远正于左舷处通过，随即向其攻击，平远亦朝严岛还击，命中严岛两炮，严岛发生大火，十余名官兵丧生。随之日舰松岛发炮还击，命中了平远的主炮塔，并燃起了大火。画面远处左起为日舰松岛、千代田、严岛。

平远因为多处中弹着火，于16:16退出战斗，驶向大鹿岛浅水区进行灭火并避开追击。

15:05 左右，清鱼雷艇福龙号冒着日舰速射炮火冲向落后的日观察舰西京丸，日舰西京丸乃军令部长桦山资纪的观战座舰。在日本舰队本队之后方观战的西京丸距清舰约 3000 米时，即被定远、镇远炮弹命中。此时比睿与赤城正忙于摆脱定远、镇远、经远、来远的攻击，致使西京丸处于孤立无援的状况，遭定远、镇远、经远、来远四舰猛烈攻击。西京丸连连中弹，多处起火，舵机无法使用，仅能以人工舵勉强维持航向并急欲与本队会合。

　　日观察舰西京丸的速射炮虽然猛烈射向清鱼雷艇福龙，然福龙依然勇敢冒死逼近。在接近西京丸 400 米的鱼雷有效距离时，福龙首先发射艇艏右鱼雷攻击西京丸。西京丸观察到福龙射出的鱼雷行进轨迹，立即调整航向，左转避开了鱼雷攻击，并且朝鱼雷艇福龙冲撞而来。

冲向西京丸的清鱼雷艇福龙，冒着速射炮火前进。福龙鱼雷艇上仅配备了两门57mm小口径速射炮与三发360mm鱼雷。

214

在到达距西京丸400米的鱼雷有效射程时，福龙首先发射艇艏右鱼雷攻击西京丸。

远处西京丸发现福龙号鱼雷行进轨迹，立即转向，避开了鱼雷攻击。

福龙于距离日舰西京丸40米处，以回旋发射管再射一枚鱼雷。

面对朝自己冲撞而来的西京丸，福龙此时即刻右转以闪避日舰西京丸庞大躯体的冲撞，其间双方炮火依然猛烈地交织着。偌大的西京丸舰体逐渐迫近，福龙以巧妙的右旋避开了，正当两舰擦身而过时，福龙于距离日舰西京丸 40 米处，以回旋发射管再将一枚鱼雷射向西京丸。

　　这时桦山资纪大受惊吓，认为西京丸势必难逃此劫。但是随着时间一分一秒地过去，并没有状况发生。没想到鱼雷竟然由西京丸舰底穿行而过，未能引爆。西京丸这时使出最大的马力奋力突围，福龙、左一虽努力追击，可惜已经错失良机，西京丸逐加速渐渐远离。

日舰西京丸突围而去，清鱼雷艇福龙、左一虽齐追击，惜已错失良机，西京丸渐渐远离。

221

不久日本第一游击队吉野、高千穗、秋津洲、浪速四舰切入北洋舰队阵势前方，与日本舰队本队形成包夹之势，对清舰展开猛烈炮击。此时清舰完全被日舰的速射炮压制，形成清舰只能挨轰的局面。15:10，定远前段中弹起火燃烧，煞时浓烟遮蔽视线使得主炮位无法同前瞄准射击，战力顿时锐减。日舰趁此机会更是集中火力朝向定远连续猛轰，处于弱势的定远这时也只有挨打的份儿了。

　　正当危急时刻，致远与镇远迅速由定远两侧追上，掩护正受日舰猛轰的定远。致远使用舰体抵挡日舰炮弹，掩护起火燃烧的定远。掩护过程中，致远亦不断遭受日舰炮击，很快致远舰体便向右倾斜。

　　15:25，适逢日第一游击队行到清阵前方，倾斜的清舰致远随即加速冲向第一游击队主力吉野舰，打算使用撞击战术歼灭日舰吉野。

远方回旋而来的日本第一游击队，切到北洋舰队阵线前方，与日本舰队本队形成夹击之势，对清舰展开猛烈轰击。画面前方为日舰桥立正向清舰炮击。

致远边发炮还击边冲至日舰与定远之间，以舰身帮定远挡住日舰炮弹，为定远争取灭火抢修的时间。致远此时连连遭受日舰速射炮的轰击。

致远愈向前冲受创愈为严重，舱内起火爆炸，海水不断涌入，舰身渐渐右倾。此时致远距离吉野不远，遂决定全马力挺进以撞击战术对吉野进行撞击。

15:30，在日本第一游击队与日本舰队本队的夹击中，清舰靖远与来远亦遭受日舰的猛烈炮击。远方纵列由左至右为第一游击队之高千穗、秋津洲、浪速；近处清舰左为来远，右为靖远。

致远冲向吉野的时候，吉野舷侧炮火不断向致远猛轰。随着距离越来越近，致远所承受的炮击也越来越猛烈，此时舱内不断中弹起火，烟雾弥漫、蒸气四溢，海水不断涌入船舱。

眼见日舰吉野已然无法回避，其余日舰更是将炮火朝向致远猛烈集中射击。刹那间，一声轰然巨响，致远右舷发生巨大爆炸，阻断了致远的冲击，且让致远迅速右倾下沉，转瞬间沉入大海。管带邓世昌落水后拒援，与舰上 200 多名官兵一同殉难。

吉野就在跟前已然毫无回避之空间，两舰愈来愈近，突然间一声轰然巨响，致远右舷发生巨大爆炸。

致远舰迅速右倾下沉，瞬间就没入大海，管带邓世昌落水后拒援，与两百多官兵一道殉难。

15:50，清舰致远沉没后，受到重创的靖远、来远即脱离战场驶向大鹿岛方向，经远亦尾随其后。

　　经远受创颇深，中弹百来发，舰身起火、舱间进水、航速降低许多。16:48，第一游击队以其速度优势追上经远，日舰吉野以右舷速射炮一阵猛轰，经远一边发炮还击一边灭火，随后日舰秋津洲、高千穗、浪速亦围上开火。在日舰四舰一阵猛烈轰击下经远管带林永生头部中弹身亡。经远由于受到四舰猛烈的重度轰击，于17:30沉没。

日本第一游击队以其速度优势追上经远。远方右为日舰吉野，次为高千穗，再为秋津洲。

在日舰四舰一阵猛烈轰击下，经远多处中弹，爆炸起火，管带林永生头部中弹身亡。远方日舰右为吉野，次为高千穗，再为秋津洲。

清舰经远由于受到日舰猛烈的轰击，于17:30以左舷舷舷翻倒海中沉没。

239

16：20，清舰主力定远、镇远与日本舰队本队松岛、千代田、严岛、桥立、扶桑等舰展开猛烈战斗。

致远沉没后，日本第一游击队迅速追击驶往大鹿岛的清舰，留下日本舰队本队与清舰主力缠斗。

16:20，清舰主力定远、镇远与日本舰队本队松岛、千代田、严岛、桥立、扶桑等舰展开猛烈战斗。

由于先前定远舰舯中弹，甲板设施毁坏严重，后在镇远的掩护下，得以扑灭火势迅速恢复战力继续战斗。15:30，镇远 305mm 主炮命中松岛舰舯，引起大爆炸并且引发大火，造成官兵 60 多人死亡，并使得日舰松岛丧失战斗力。

定远舰艏中弹，甲板设施毁坏严重，后在镇远的掩护下，扑灭火势迅速恢复战力继续战斗。远方日舰从右至左依次为松岛、千代田、严岛。

243

17:00，日舰松岛舰艉被镇远305mm主炮连续两发炮弹命中，引起舰艉大爆炸并引发大火，官兵60多人死亡，致使日舰松岛丧失战斗力。远方日舰右起为松岛、千代田、严岛。左前方开炮者为镇远。

在日舰猛烈炮火中相互掩护、并肩作战的北洋舰队主力定远、镇远。

奋战中的镇远，虽然身受日舰炮火猛烈轰击，却依然能够奋勇作战。

17：00，松岛右舷又被击中，再度引发大火。

17:00，松岛右舷又被击中，并且再度引发大火。这时天色已经渐渐暗了，旗舰松岛的严重受创使得舰队指挥官伊东佑亨的斗志削弱不少，于是决定率日舰本队先行撤离。

日本第一游击队吉野等舰，于清舰经远沉没后原欲继续北上追击靖远、来远等。但是因为天色逐渐变暗，日本舰队指挥官唯恐清鱼雷艇利用天色昏暗前来突袭，遂发出召回归队的信号给第一游击队，召回四舰南下与本队会合。18:00后，第一游击队与本队会合，日本舰队全队南撤，结束战斗。

　　17:00后，靖远、来远已重返战场并集合其余舰只欲向南追击日舰。但是因为各舰弹药所剩无几，加上日舰已经远离，遂中止追击，整队返回旅顺。

暮色中列队归来的定远、镇远、靖远、来远、平远、广乙等舰。

威海卫保卫战

1894 年 11 月 14 日，清舰镇远进入威海湾时不慎触礁，当天晚上镇远管带林泰增自杀。

1894 年 11 月 21 日，旅顺被日军攻陷，日军对旅顺展开数天的屠杀。

1895 年 1 月 5 日，日本集结军力，海陆围攻威海卫，北洋舰队虽欲出海迎战，但是依靠舰炮支持的陆军部队深怕失去支持无法保住陆地要塞，于是报请朝廷下令舰队支援陆战，不得出海迎战。

威海卫南边诸炮台后面有一制高点摩天岭，摩天岭虽然设有防御工事，但是仅仅只是个土炮台，仅配备几门行营炮。1895 年 1 月 30 日，日本陆军攻下摩天岭，摩天岭数百守军力抗失败后壮烈牺牲。威海卫南边诸炮台守军因无足够兵力防卫，纷纷弃守炮台。

1895 年 2 月 4 日晚，大雪纷飞夜，清舰定远遭日本九号鱼雷艇攻击左舷中弹进水。而后搁浅于刘公岛东方，充当浮炮台使用。随后于 1895 年 2 月 6 日，充当浮炮台使用的定远，炉火熄灭。

1895 年 2 月 6 日凌晨，大雪，来远受日本鱼雷艇小鹰号突击命中，沉没于威海湾。

1895 年 2 月 9 日，威海沿岸重要炮台被登陆日军攻占，占领鹿角嘴炮台的日军开始炮轰港内的北洋军舰。

1895年1月30日，日军攻战摩天岭炮台后，港内北洋舰队船舰以火炮齐射炮台日军。

1895年2月4日晚，大雪夜，定远遭日本九号鱼雷艇攻击，左舷中弹进水。而后搁浅于刘公岛东方充当浮炮台使用。

1895年2月6日，充当浮炮台使用的定远，炉火熄灭。

1895年2月6日凌晨，大雪，来远受日本鱼雷艇小鹰号突击命中，沉没于威海湾。

1895年2月9日，日军占领鹿角嘴炮台，开始炮轰港内北洋军舰。

1895 年 2 月 9 日，威海沿岸重要炮台被登陆日军攻占，占领鹿角嘴炮台的日军开始炮轰港内北洋军舰。靖远连续被两发 240mm 炮弹击穿甲板，炮弹穿越舰体，于舰艇水线下造成破洞进水，形成倾斜半沉没状态。

1895 年 2 月 9 日下午，定远已无可用之炮弹，丁汝昌于是下令将定远自行爆破。执行安放炸药并进行引爆的管带刘步蟾于当夜吞食鸦片自杀，因剂量不足，痛苦拖延至隔日方才逝世。

273

1895 年 2 月 10 日下午，靖远重损后为免资敌由广丙击沉。

1895 年 2 月 12 日，北洋舰队提督丁汝昌自杀殉国。

1895 年 2 月 13 日，镇远代理舰长杨用霖举枪自杀。

1895 年 2 月 17 日，日军占领刘公岛，北洋海军全军覆灭。

1895 年 2 月 17 日，镇远、济远、平远被日军掳获。

后记

以前工作曾使用 AutoCAD，在工作之余发觉 CAD 程序搁置实在可惜，因此在休息时候拿 CAD 玩玩练练也就成了我的休闲项目。

于是我找了工作以外的题材来练习，数据越是缺乏，玩起来越有意思。如右图的 Siluro Lenta Corsa 小型攻击潜艇。这样的作业我们需要一些基本数据，如：舰长、舷宽、吃水等，再就是尽可能的一堆照片了。

有了基本数据之后便须配合详细观察照片或是做计算，整理出肋骨条与龙骨。如此便可制造出基本船体如下图，由于使用的是 AutoCAD 2000，所以在形体上极易遇到困难，如何解决就得靠自己反复的思考。下面图片所看到的某些情况于现今并不一定需要，仅是就当时使用工具而展示这些图片。

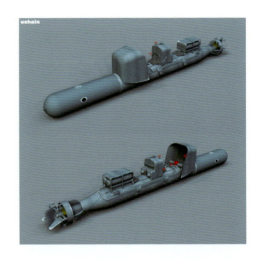

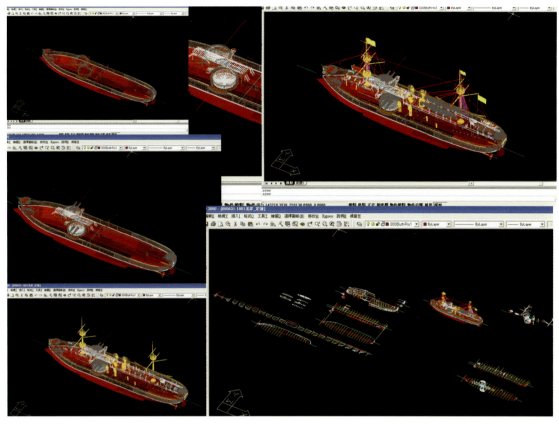

打造好船体，随后就按部就班地建造甲板上的建筑，这部分也是需要精密计算数据。建构所花费时间也是大家所好奇的，其实这没有一定标准。简易制作，时间就用得少，讲究精密，时间就用得多。

如上图的定远舰，第一次建构时耗时将近四个月，当时也只有两根炮管插入炮罩内，后来在建构其他船舰时决定将定远舰的 305mm 炮精密建构，于是我便在制作他舰累时转向整修定远舰。我通常将建构一艘大船舰控制在三个月的工作时日以内。另外在建构中也随时检视自己所建构对象是否有瑕疵而随时修正，如必须做输出，也应该试试输出是否有问题？我费心将舰底整理到顺畅优美，因为这部分完成了，等于此作品完成了一半，切勿以为于水下便可轻忽草率，如下图致远舰部分制程检视画面。

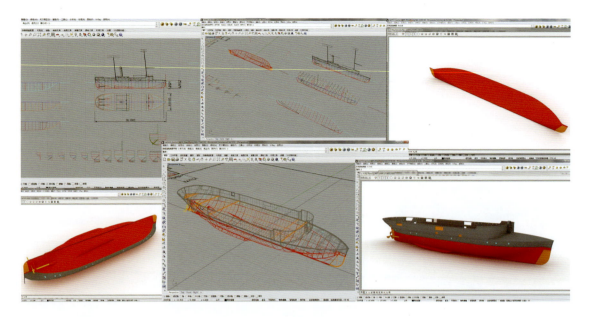

　　甲午系列船舰作业末期开始使用闲置三年余的另外一个 CAD 程序 Rhinoceros 来制作，我喜欢 Rhino 与它的彩现外挂 V-Ray for Rhino。其实选择使用程序是很重要的，光说这些程序价格并不便宜，这么就当知道错置程序有多糟？朋友总说不直接使用高端动画程序是浪费时间。感觉还真是。我知道有一天我会开始使用高端动画程序，但我认为 CAD 是很重要的基础，与其不同于动画的领域。学习是一定要的。

　　随着 Rhinoceros 与它的彩现外挂 V-Ray for Rhino 的更新，吸引力越来越强。在清、日舰队完成后，自己得以抽空对 Rhinoceros 与 V-Ray for Rhino 多做练习，并决定仅仅以 Rhinoceros 再整理部分关于清、日舰队题材的其他内容。目前，我已经完全使用 Rhino 来完成如上图与下图的蚊炮船，基本上制作的概念完全一样，只是得花点时间适应新环境罢了。

　　可惜另外购置欲代替 Bryce 的 Vue 在当时某方面无法达到个人需求，所以还是退回到 Bryce 做演算。直到近年来才重新配合使用 Vue。

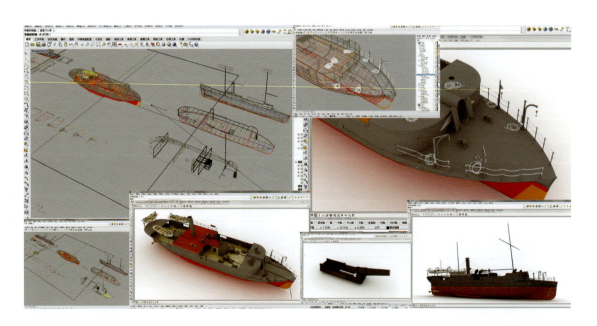

　　使用 Rhinoceros 与 V-Ray for Rhino 与 Vue 所完成的定远母舰英国战舰"英弗莱息白"如上图。

　　个人虽然完成了 20 余艘百年前船舰 3D 造模，但是事实上是要感谢许多人的襄助才得以顺利完成，虽然俗套但是还是必要感谢！再谢中华书局的爱护与中国之翼出版社刘文孝总编的大力协助，还有学崖师长的教导，诸多好友、同学的支持与我的家人的体谅。特于此表达再三感谢之心！谢谢！

商标说明：

本文所提及之各项产品与商标其权利均为该公司所有。

AutoCAD 为 Autodesk 的产品与商标。

Bryce 为 DAZ 3D 的产品与商标。

Rhinoceros 为 Robert Mcneel & Associates 的产品与商标。

V-Ray for Rhino 为 ASGVIS 的产品与商标。

Vue 为 e-on software 的产品与商标。